KEPPLER

OU

L'ASTROLOGIE ET L'ASTRONOMIE

DRAME EN CINQ ACTES, DIX TABLEAUX

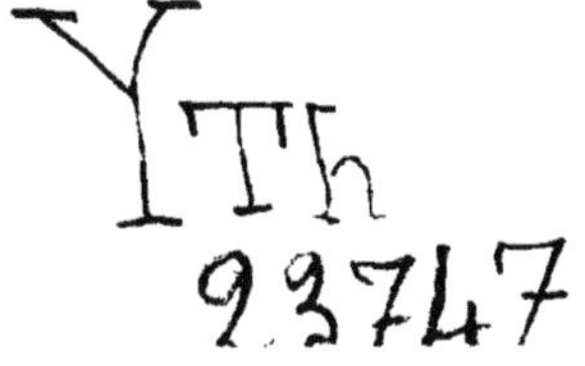

PERSONNAGES

JEAN KEPPLER, astronome.
ŻÉNO, astrologue.
RODOLPHE II, Empereur d'Allemagne.
LE DUC DE WALLENSTEIN.
HENRI KEPPLER.
MŒSTLIN.
FRITZ, valet de Keppler.
ALDRICH, valet de Zéno.
LE PRÉSIDENT du tribunal criminel de Stutgardt.
UN MESSAGER.
UN PAYSAN.

CATHERINE, mère de Jean Keppler.
SUZANNE.

Dames, Seigneurs, Gardes, Peuple, Juges, Greffier, Huissier.

L'action se passe en Allemagne, de 1588 à 1629.

KEPPLER

OU

L'ASTROLOGIE ET L'ASTRONOMIE

DRAME HISTORIQUE

EN CINQ ACTES, DIX TABLEAUX

PAR

M. LOUIS FIGUIER

PARIS

TRESSE & STOCK, ÉDITEURS

8, 9, 10, 11, galerie du Théâtre-Français

PALAIS-ROYAL

1889

*
* *

Dans mon ouvrage, *Vies des savants illustres*, j'ai donné une longue étude biographique sur Jean Keppler(1). Quelques extraits de cette Notice historique feront bien connaître l'homme célèbre qui est le héros du drame que l'on va lire.

« Jean Keppler, à qui l'astronomie doit la découverte des trois lois mathématiques auxquelles obéissent les corps célestes, dans leur révolution autour du soleil, était né le 27 décembre 1571, à Magstatt, village du duché de Wurtemberg, à une lieue de la ville de Weil, en Souabe. Sa mère, Catherine Guldelnmann, fille d'un aubergiste des environs de Weil, avait épousé Henri Keppler, soldat dans l'armée de l'Allemagne. Henri Keppler appartenait à une famille très pauvre, mais qui avait quelques prétentions à la noblesse, parce que l'un de ses aïeux avait été fait chevalier à Rome, par l'Empereur Sigismond.

« Une tante de Catherine Guldelnmann avait été brûlée à Weil, comme sorcière, et un mauvais renom était resté attaché, après cet événement funeste, à Catherine, qui, pendant sa jeunesse, avait vécu auprès d'elle.

« Le jeune Keppler fut envoyé, à l'âge de sept ans, à l'école élémentaire de Léonberg. Son père servait alors dans l'armée que le duc d'Albe dirigeait contre les Pays-Bas.

« Malheureusement, lorsque Henri Keppler rentra dans ses foyers, la banqueroute d'un ami, pour lequel il avait eu l'imprudence de donner sa garan-

---

1. *Savants du* XVIIIe *siècle*, in-8°, chez Hachette. *Jean Keppler*.

tie, entraîna sa ruine complète. Dans cette situation, ce qui dut l'occuper le plus, ce fut de pourvoir à la subsistance de sa famille. Il ouvrit un cabaret, près du village d'Ermendingen, en Souabe, et le jeune Keppler fut retiré de l'école Léonberg, pour qu'il secondât son père dans le service de l'auberge. Là, il fut occupé à servir les buveurs, quand il en arrivait.

« Tel fut le premier apprentissage de celui qui devait formuler les trois grandes lois mathématiques des mouvements des corps célestes !

« L'enfance du jeune Keppler se passa, jusqu'à l'âge de douze à treize ans, dans le cabaret de son père. Mais ce dernier manquait sans doute des qualités nécessaires pour réussir dans la profession de cabaretier, car son petit commerce ne prospérait pas, et il vint un moment où il fallut songer sérieusement à prendre un parti. Henri Keppler s'engagea, comme soldat, dans une armée autrichienne qui allait combattre les Turcs, et depuis ce jour, on n'entendit plus parler de lui.

« Recueilli par sa sœur Marguerite, qui était mariée à un ministre protestant, le jeune Keppler fut employé par ce dernier, au travail des champs. Il n'avait fait que changer de servage : il n'était plus valet d'auberge, mais il était garçon de ferme.

« On ne tarda pas, cependant, à s'apercevoir que les fatigues du labourage étaient au-dessus des forces d'un adolescent, au tempérament faible et maladif. On changea donc de dessein à son égard. En le voyant maigre, pâle, épuisé et se traînant à peine, on éprouva pour lui un sentiment de commisération, et on se décida à le préparer à la carrière théologique.

« En 1586, Keppler, alors âgé de quinze ans, entra à l'école du monastère de Maulbronn, qui, depuis la réforme, servait d'institution préparatoire à l'Université de Tubingue. Il devait s'y préparer à la théologie. Son éducation, qui jusque-là avait été fort négligée, comme on vient de le voir, se fit aux frais du duc de Wurtemberg.

« Notre séminariste passa, en 1588, à l'Université de Tubingue. Malheureusement, il eut l'imprudence de se mêler aux luttes passionnées de la théologie. Il se laissa aller à composer des brochures contraires à l'orthodoxie protestante; ce qui le fit juger indigne de tout avancement dans la hiérarchie ecclésiastique.

« Le pauvre jeune homme était menacé d'être rejeté, une fois encore, dans les plus graves embarras du présent et de l'avenir ; car la carrière ecclésiastique lui était désormais interdite. Par bonheur, l'idée lui vint de s'adonner, avant de quitter l'Université, à l'étude de l'astronomie, et de suivre, dans ce but, les leçons du professeur Mœstlin.

« Michel Mœstlin, l'un des premiers partisans de Kopernik, avait été appelé, en 1584, de Heidelberg, où il professait les mathématiques, à une chaire dans l'Université de Tubingue. A peine Keppler eut-il entendu les premières leçons de Mœstlin, que son esprit entra dans une direction nouvelle. Il abandonna la théologie, pour se livrer entièrement à l'étude des sciences physico-mathématiques, sous la direction de Mœstlin, qui lui donnait gratuitement ses leçons. C'est par lui que Keppler fut initié aux grandes études mathématiques et au système de Kopernik. Aussi, de tous les titres de Mœstlin, le plus honorable devant la postérité, sera-t-il d'avoir eu Keppler pour disciple.

« En 1593, Keppler fut nommé, par les États de Styrie, professeur de mathématiques et de morale à Graëtz.

« Il touchait à sa vingt-troisième année ; sa position à l'Université de Graëtz le mettait en évidence, et l'entourait d'une certaine considération. Il songea donc aux pures et légitimes joies d'un mariage bien assorti.

« Il y avait à Graëtz une jeune veuve noble et belle : il la demanda à ses parents, et on promit de la lui accorder lorsqu'il aurait exhibé ses preuves de noblesse. Ces preuves, que le jeune professeur fut obligé de faire venir du duché de Wurtemberg, consistaient sans doute dans le diplôme de chevalier que l'Empereur Sigismond avait accordé, à Rome, à l'un de ses aïeux.

« Ayant ainsi justifié de ses qualités, et après quelques années d'attente, Keppler épousa, en 1597, la belle Barbara de Müller, veuve d'un premier mari, et qui avait divorcé avec un second époux.

« Dans la Styrie, la population était alors divisée en protestants et catholiques. Ces derniers étant les plus nombreux et les plus animés, des troubles devenaient inévitables. En effet, vers la fin de l'année 1599, les persécutions commencèrent contre les protestants. On menaçait de chasser de la ville de Graëtz tous les professeurs du collége et de l'Université appartenant au culte réformé. Alarmé de ces rumeurs, Keppler partit de Graëtz, avec sa femme. Il allait chercher en Hongrie un asile, où il pût suivre librement son culte religieux, et se livrer en paix à l'étude de l'astronomie.

« D'après M. Bertrand, cette résolution n'aurait pas été volontaire : Keppler aurait été formellement banni de Graëtz, pour avoir refusé d'abjurer le protestantisme (1).

« Le même auteur ajoute qu'on n'accorda que quarante-cinq jours au professeur banni, pour vendre ou affermer les terres de sa femme. Sans doute ces biens ne purent être vendus qu'à vil prix, car Keppler, à partir de ce moment, se trouva totalement ruiné.

« Le célèbre astronome danois, Tycho-Brahé, qui avait quitté la Norwège, à la suite des persécutions de ses ennemis, avait accepté de l'Empereur d'Allemagne, Rodolphe II, la place de directeur de l'Observatoire de Prague. Tycho-Brahé, qui connaissait toute la valeur de Keppler, comme mathématicien et observateur, lui offrit d'aller le rejoindre à Prague, et de partager les avantages dont il jouissait lui-même. L'invitation fut acceptée, et en 1600, Keppler arrivait à Prague, où Tycho-Brahé l'accueillit avec les témoignages de la plus sincère amitié.

« Tycho-Brahé avait promis à Keppler de beaux honoraires, mais on ne lui comptait presque rien. Comme il lui fallait de l'argent, pour vivre, il en faisait demander par sa femme à Tycho, qui ne le donnait que florin par florin.

« Tycho-Brahé étant mort l'année suivante (le 24 octobre 1601), Keppler hérita de sa position, et fut nommé astronome de l'Empereur d'Allemague, Rodolphe II. Il s'établit dans la ville de Linz, en Autriche : un traitement de 1.500 florins était attaché à son emploi.

1. *Les fondateurs de l'astronomie moderne*, in-8° *Jean Keppler* page 124.

« Sa position eût été fort belle si ses appointements eussent été payés régulièrement. Mais les ordres de l'Empereur étaient très mal exécutés sur ce dernier point. Aussi Keppler écrivait-il :

« La solde est brillante, à la vérité, mais les caisses sont vides, et je perds mon temps à mendier à la porte du trésorier de la couronne ».

« Ce qui aurait pu le consoler de tant de déceptions, c'est qu'en succédant à Tycho, il avait été mis en possession de tous les registres de son Observatoire, avec la faculté de disposer librement des immenses recueils d'observations de l'astronome danois. Sans le secours de ces documents inestimables, Keppler ne fût sans doute jamais parvenu à découvrir le secret des vrais mouvements planétaires, et sous ce rapport, la postérité devra une reconnaissance éternelle à Tycho-Brahé, qui avait recueilli, dans sa longue carrière, ces précieux matériaux.

En 1611, Keppler eut le malheur de perdre sa femme, Barbara de Müller, devenue folle, après avoir vu mourir trois de ses enfants.

« Aux malheurs qui accablaient Keppler, vinrent se joindre des ennuis particuliers. C'était d'abord l'Empereur Rodolphe, qui voyait d'un mauvais œil son astronome patenté se laisser absorber par la science pure, et consacrer à des calculs un temps qu'il aurait dû employer à des pronostics astrologiques. C'étaient ensuite une foule de seigneurs avides d'horoscopes, qui le fatiguaient de leurs obsessions. Mal accueillis dans leurs demandes continuelles de prédictions astrologiques, les courtisans de Rodolphe II ne cessaient de déblatérer contre le *gros traitement* alloué à Keppler.

« Ce traitement, que l'on reprochait à Keppler, était fort mal payé. Les arrérages qui lui étaient dus, en 1613, se montaient à douze mille écus. Même lorsqu'il voyageait à la suite de l'Empereur, il n'avait, pour vivre, que le produit de ses almanachs, qu'il faisait vendre, ou qu'il vendait lui-même, et des quelques horoscopes qu'il consentait à tirer pour les seigneurs et barons de la cour.

« Voilà le rôle que les caprices de la fortune et l'ignorance des hommes, assignaient à l'un des plus grands génies de son temps !

« Keppler conserva son emploi sous l'Empereur Mathias, successeur de Rodolphe II.

En 1613, il fut appelé à la diète de Ratisbonne, pour régler la correction du calendrier grégorien. Il plaida la cause de la réforme grégorienne, et l'on sait qu'il parvint à la faire triompher.

« Ce fut pour l'astronome de Linz un moment de bonheur, une lueur de gloire, que d'avoir attaché son nom à une réforme qui fera époque dans les annales de la civilisation. Mais, à son retour de Ratisbonne, sa vie recommença à être troublée par les contrariétés, par les chagrins et la misère. Ses appointements d'astronome de la cour étaient toujours mal payés, ou même ne l'étaient pas du tout, et ses moyens d'existence, réduits à la vente de ses almanachs, devenaient de plus en plus précaires. Il se vit donc obligé d'accepter une chaire de mathématiques qu'on lui offrait à l'École de Linz.

« Une période de calme et de tranquillité s'ouvrait devant Keppler. Il songea à se composer une nouvelle famille. Ses amis, qui lui conseillaient de contracter un nouveau mariage, lui parlaient de diverses personnes, parmi lesquelles il trouverait aisément à faire un choix selon son goût.

« Après avoir soigneusement comparé, avec beaucoup de finesse et d'esprit, dit M. Bertrand (1), les mérites et les beautés de onze jeunes personnes, comme on le voit dans une de ses lettres, il se décida pour Suzanne Reutlinger, fille orpheline d'un simple artisan, qui avait reçu, dans le plus célèbre pensionnat du pays, une éducation distinguée, et il l'épousa (2) ».

« Le second mariage de Keppler fut pour lui le commencement d'une période d'aisance et de bien-être, qui ne fut pas, d'ailleurs, de longue durée. Il fut bientôt obligé de joindre le produit de quelques leçons particulières aux appointements fixes qu'il touchait comme professeur de l'école de Linz, et de vivre avec la plus stricte économie, pour que sa famille ne manquât pas du nécessaire. Sa seconde femme lui avait donné sept enfants. Le présent était pour lui une gêne constante, et l'avenir un perpétuel sujet d'inquiétudes.

« Un malheur imprévu vint s'ajouter à tant d'inquiétudes. Il fut informé, par une lettre de sa sœur, que leur mère, accusée de sorcellerie, venait d'être jetée en prison à Stuttgardt. On avait amassé contre la vieille femme tous les griefs ordinaires que l'on opposait aux malheureuses victimes de cette accusation terrible. Elle avait, disait-on, été instruite, dans l'art magique par sa tante, qui avait été brûlée à Weil, comme sorcière. On l'accusait d'avoir de fréquents entretiens avec le diable, — de ne jamais

1. *Les fondateurs de l'astronomie moderne, Jean Keppler*, page 28.

2. M. Trouëssart, professeur de physique à Poitiers, qui a publié un *Essai sur la vie et la philosophie de Keppler*, a donné de cet épisode de la vie de Keppler, un récit piquant, qui nous a inspiré la scène des médaillons, au troisième tableau de notre pièce.

verser de larmes, — de faire périr les cochons du voisinage, sur lesquels elle faisait des promenades nocturnes, — de ne jamais regarder personne en face, — et d'avoir engagé le fossoyeur à lui fournir le crâne de son mari, pour en faire une coupe, qu'elle se proposait de donner en cadeau à son fils, Jean Keppler.

«Ce procès funeste dura cinq ans: la malheureuse accusée pouvait mourir en prison. Keppler multiplia vainement les démarches en faveur de sa mère. Il supplia, par écrit, le duc de Wurtenberg d'intervenir, pour faire cesser cette persécution. N'ayant pu obtenir de réponse à ses placets, il partit de Linz, en 1620, et se rendit à Stuttgardt. Il ne réussit pas à faire mettre sa mère en liberté ; il obtint seulement de faire hâter l'issue du procès.

« Il est certain que sans l'intervention de Keppler et la considération qu'inspirait son mérite, Catherine aurait subi le dernier supplice ; car les griefs qu'on alléguait contre elle avaient suffi pour faire allumer bien d'autres bûchers, même dans l'Allemagne, protestante et savante. Catherine Keppler avait, d'ailleurs, aggravé sa position, par son attitude hautaine devant le tribunal. Outrée de l'impertinente absurdité des questions qui lui avaient été adressées par le juge, elle s'était faite accusatrice à son tour, et avait reproché, avec mépris, à ce juge lui-même, sa fortune mal acquise.

«La sentence fut enfin prononcée. Elle portait que Catherine ne serait pas appliquée physiquement à la torture, mais qu'elle la subirait moralement.

«Conformément à la décision des juges, le bourreau terrifia la vieille femme, en lui présentant, pièce par pièce, les instruments de torture, le chevalet, les fers rouges, l'estrapade, etc., et en lui expliquant, en même temps, leur mode d'action et l'accroissement progressif des douleurs. Les procès de sorcellerie se terminaient quelquefois par ce moyen comminatoire. L'accusé, tout en étant absous, devait rester sous l'impression de la terreur des supplices.

« Catherine résista avec énergie à tous ces moyens d'intimidation. Elle fit cette dernière déclaration : « Je dirais au milieu des tourments : *Je suis une sorcière*, que ce serait un mensonge ».

« Catherine put donc enfin sortir de prison.

« Keppler, de retour à Linz, ne put remonter dans sa chaire. L'accusation de sorcellerie portée contre sa mère, et le long procès qui s'en était suivi, avaient laissé contre lui les plus défavorables impressions. Ses ennemis l'accablaient publiquement de l'injurieuse épithète de *fils de sorcière*. Telle était la force des préjugés et de l'ignorance de ces temps, qu'il ne pouvait sortir de chez lui sans être exposé aux plus graves insultes. Il fut donc obligé de quitter la ville de Linz.

« Sans aucun moyen d'existence, qu'allait devenir le malheureux Keppler, avec sa femme et ses enfants ? Quelques amis lui procurèrent les ressources dont il avait besoin pour quitter la ville. Vingt ans auparavant, sa vie avait été troublée, en Styrie, par les guerres de religion, et il avait été obligé d'abandonner sa chaire de Graëtz. C'était maintenant la haine contre la prétendue sorcellerie qui le chassait de l'Autriche. En partant de Linz, il écrivait, avec amertume, à un de ses amis : « Où me réfugier maintenant ? Dois-je chercher une province déjà dévastée, ou une de celles qui ne tarderont pas à l'être ? »

« Wallenstein, le grand homme de guerre, moitié aventurier, moitié prince, qui a joué dans la guerre de Trente ans, un si terrible rôle, avec les armées de mercenaires et de reitres qu'il tenait à sa solde, et qu'il mettait à la disposition de l'Autriche ou de la Bohême, selon les intérêts de son ambition ou de sa cupidité, avait été l'ami et l'allié de Rodolphe II. Quand l'Empereur Mathias, après avoir détrôné son frère, Rodolphe, lui succéda, en 1611, Wallenstein obtint de l'Empereur Mathias l'institution, en sa faveur, du duché de Mecklenbourg, à titre suzerain. Wallenstein fit ajouter au décret d'institution de son duché, un article, qui assurait l'avenir de Keppler, en l'attachant à son service, et en stipulant que l'arriéré des appointements qui lui étaient dus, en sa qualité d'astronome de l'Empereur Mathias, lui seraient payés.

« Keppler entra donc à la cour de Wallenstein, comme astrologue officiel. Mais, séparé de sa femme et de ses enfants, qu'il avait laissés en Autriche, il ne pouvait s'accoutumer à la vie tumultueuse et désordonnée des camps. D'ailleurs, bien que d'un caractère doux et facile, il avait trop le sentiment de sa supériorité pour se plier aisément aux caprices d'un maître impérieux et hautain, qui voulait, comme dit Schiller, dans son drame de *Wallenstein*, « faire prévaloir sa volonté jusque dans le ciel (1). »

« Le général Wallenstein ne tarda pas à s'apercevoir que Keppler avait peu de foi dans le langage des

1. On sait que Schiller a composé et fait représenter, en 1798, sur le théâtre de Weimar, une longue trilogie en vers : *Le camp de Wallenstein*, les *Picolimi*, la *mort de Wallenstein*, qui est célèbre dans l'histoire littéraire de l'Allemagne. Benjamin Conant qui, réfugié à Weits-

astres, et que, dans ses pronostics, il s'attachait trop peu à flatter les désirs du maître. Comme, autrefois, Philippe de Macédoine, Wallenstein eût voulu dicter lui-même les oracles au destin. Ne trouvant pas dans Keppler toute la souplesse qu'il exigeait, il le destitua, et le remplaça par un astrologue, venu d'Italie, Zéno, qui savait faire tenir aux astres un langage conforme aux volontés des princes.

« Keppler essaya, mais en vain, de se faire payer les arrérages de sa pension, conformément aux conditions fixées par le décret impérial. Il fit de fréquents voyages à cheval entre Linz et Ratisbonne, et consuma le reste de sa vie en démarches inutiles. Enfin, épuisé par la fatigue, par le chagrin, par la misère, il mourut, dans une auberge de Ratisbonne, en 1629, à l'âge de 58 ans. Selon M. Camille Flammarion, il serait mort de faim.

« Il laissa à sa mort, dit Arago, 22 écus, un habit, deux chemises, et pas d'autres livres que cinquante-sept exemplaires de ses *Éphémérides*, et seize exemplaires de ses *Tables Rudolphines*. Il avait sans doute vendu pièce à pièce tout le reste, pour avoir du pain. Mais les princes qu'il avait servis, même dans leurs caprices, lui devaient, à cette époque, 29,000 florins (1). »

« Peu d'hommes ont eu une vie, tout à la fois plus laborieuse et plus tristement agitée que celle du malheureux Keppler. Que de déceptions, de changements de demeure, de courses, de poignantes sol-

---

mar, s'était lié avec Schiller, voulut faire connaître en France l'œuvre du grand écrivain allemand, et il publia, en 1809, sous le titre de *Wallenstein*, une tragédie en 5 actes et en vers, qui est une adaptation à la scène française, dans la forme classique de cette époque, du drame romantique de Schiller.

1. *Notices biographiques. Keppler.*

licitudes; et tout cela pour n'aboutir jamais qu'à la misère! Le chagrin et l'épuisement ayant abrégé son existence, il meurt, ne laissant à sa femme et à ses enfants que la gloire de son nom.

« Mais sa gloire, qui n'avait pu le faire vivre, fut encore inutile après lui, à sa veuve et à ses enfants. Le malheur, qui n'avait jamais cessé de le poursuivre, durant sa vie, parut, après sa mort, s'attacher encore à sa famille. Il avait laissé un manuscrit, intitulé *Songe de Keppler*. Il suppose, dans cet ouvrage, qu'il se trouve transporté sur le globe de la lune. Contemplant de là l'univers, il en décrit les apparences. Sa mort avait arrêté l'impression de ce livre ; mais le produit de sa vente pouvait procurer quelque soulagement à la pauvre famille. Le gendre de Keppler fit donc continuer l'impression. Malheureusement, il mourut avant qu'elle fut achevée. Dans un siècle de superstition et d'ignorance publique, où les idées d'astrologie et de sorcellerie avaient tant d'empire sur les masses, la mort prématurée du gendre de Keppler frappa les imaginations. Louis, fils de Keppler, demeura longtemps sans oser faire reprendre l'impression fatale : il craignait d'y perdre la vie. A la fin, pourtant, déterminé par le spectacle de la profonde misère qui régnait autour de lui, dans sa famille, il fit achever l'impression (1).

« Keppler était en commerce de lettres avec Galilée ; mais ces deux grands hommes ne se sont jamais rencontrés. Galilée goûtait peu, sans doute, les élans de l'imagination exubérante de l'astronome allemand et ses rêveries mystiques ».

Ces extraits de notre biographie de Keppler sont un peu longs, mais ils étaient nécessaires pour faire

1. Bailly. *Histoire de l'astronomie moderne*, tome II, p. 126.

comprendre sur quelle série de faits historiques repose le drame de *Keppler, ou l'Astrologie et l'astronomie.*

Cette pièce est un tableau dramatisé de la vie douloureuse et tourmentée du grand astronome allemand. On le suit, depuis son enfance, passée dans le cabaret paternel, jusqu'au moment où il expire, au bord d'une route, épuisé de fatigue et de faim.

La partie brillante de sa carrière est exposée au troisième acte, où on le voit entouré de toute la faveur impériale, période trop courte, qui fait bientôt place à la longue série de ses malheurs.

Le procès de sa mère, Catherine Guldelnmann, comparaissant devant le tribunal de Stuttgardt, sous l'accusation de sorcellerie, est mis en scène avec autant de vérité historique que l'on puisse le désirer au théâtre ; et l'on ne verra pas sans intérêt cette évocation authentique des déplorables superstitions et aberrations morales qui régnaient en Europe, au XVIIe siècle.

J'ai donné beaucoup d'importance à l'astrologue italien, Zéno : d'une part, pour bien exprimer les croyances universelles à l'astrologie et aux horoscopes astrologiques, pendant le XVIIe siècle ; d'autre part, pour résumer et mettre en action, au moyen d'un personnage historique, les persécutions et les haines dont le grand astronome de Linz fut poursuivi pendant toute son existence.

L'élément scientifique tient une grande place dans ce drame. Une partie du quatrième acte est consacrée à un épisode que j'ai imaginé à propos de la guerre entreprise par l'Empereur Rodolphe II contre les Hongrois de Transylvanie. Une éclipse solaire est mise à profit par Keppler, comme stratagème de guerre, contre les Hongrois assiégés dans la ville d'Hermanstadt.

J'ai pu intercaler dans l'action même de la pièce, des décors de pure astronomie, à savoir, au troisième acte, la vue de l'univers en mouvement, c'est-à-dire les planètes circulant autour du soleil, et au cinquième acte, des projections télescopiques de l'aspect des principales planètes, comètes et nébuleuses. Ce que l'on montre aux élèves et au public, dans les conférences d'astronomie, je le projette sur la toile de fond d'un théâtre; je fais de l'univers un décor! C'est le *théâtre scientifique* dans toute sa grandeur et son éclat, et l'on conviendra qu'un pareil spectacle parlerait autrement à l'esprit que les scintillantes apparitions que les directeurs parisiens des théâtres de féeries, étalent aux yeux du public, dans leurs brillants décors.

Je me proposais de faire représenter *Keppler*, après *Denis Papin* et *Gutenberg*, mais les frais qu'auraient exigés sa mise en scène, ne me l'ont pas permis. Je crois devoir le publier dans le présent recueil.

J'espère qu'une direction de théâtre, en France ou à l'étranger, sera tentée de monter cette pièce, où à l'intérêt que présente la vie d'un grand homme, malheureux et persécuté, se joint l'attrait d'un spectacle magnifique et nouveau, c'est-à-dire des tableaux célestes, qui montreraient en action et en mouvement, les planètes et les autres astres de notre système solaire. Donner, dans une pièce de théâtre, le spectacle de l'univers, n'est-ce pas être certain d'attirer toute cette partie du public, plus nombreux qu'on ne le croit, qui aime à la fois la science et le théâtre?

*
* *

LISTE DES TABLEAUX

ACTE 1er	—	1er **Tableau** : Le Cabaret d'Ermendingen.
ACTE 2e	—	2e **Tableau** : Un duel d'Astronomes.
ACTE 3e	—	3e **Tableau** : Empereur et Magicien.
		4e **Tableau** : Le Planétaire de Keppler.
ACTE 4e	—	5e **Tableau** : La guerre et l'astronomie.
		6e **Tableau** : Un procès de sorcellerie.
		7e **Tableau** : Le tourmenteur.
ACTE 5e	—	8e **Tableau** : Promenade au ciel.
		9e **Tableau** : Effet d'un guet-apens.
		10e **Tableau** : Un grand homme mort de faim.

KEPPLER

OU

L'ASTROLOGIE ET L'ASTRONOMIE

ACTE PREMIER

PREMIER TABLEAU

Le cabaret d'Ermendingen.

Une place devant le cabaret d'Ermendingen, en Souabe. — Tables, bancs. — A droite, au premier plan, une tonnelle de feuillage. — A gauche, l'entrée du cabaret.

SCÈNE PREMIÈRE

CATHERINE, arrangeant les tables et les chaises, puis MOESTLIN.

MOESTLIN, entrant.

On oublie facilement les heures, en se promenant dans cette belle campagne de la Souabe. Me voilà déjà loin de l'Université, et il est sans doute trop tard maintenant pour que je puisse aller y souper. (Tirant sa montre.) Sept heures! C'est le moment où la cloche appelle au réfectoire, élèves et professeurs. Je ferai aussi bien de rester ici... Vous allez me donner à dîner, dame Catherine.

CATHERINE.

C'est un grand honneur pour moi, professeur Mœstlin ; et je vais tâcher de ne pas vous servir un trop mauvais repas. J'ai, justement, un jambon tout frais, du pain blanc et une bouteille de vieux vin du Rhin. (Elle met le couvert sous la tonnelle.) Vous serez bien là, un peu éloigné de la table des buveurs... Je remercie le hasard qui vous a conduit ici ce soir ; car notre pauvre auberge n'est pas toujours aussi bien pourvue qu'aujourd'hui. Les voyageurs, et par conséquent les vivres, y sont rares ; et demain, peut-être, je n'aurais pu vous traiter ainsi.

MOESTLIN

Vraiment, ma bonne Catherine ?

CATHERINE

Hélas! monsieur Mœstlin, le sort s'est bien cruellement acharné contre nous.

MOESTLIN.

Cependant, Henri Keppler, votre mari, a fait, si je ne me trompe, la guerre des Pays-Bas. Engagé, comme volontaire, sous les ordres du duc d'Albe, n'a-t-il pas été nommé officier, après la dernière bataille contre les Belges ?

CATHERINE.

Cela est vrai. Tout humble cabaretier qu'il soit maintenant, mon mari est de noble origine. Un de ses aïeux fut fait chevalier, à Rome, par l'Empereur Sigismond. Henri a voulu aussi servir son pays ; mais il n'a rapporté de ses campagnes que des blessures... Ajoutez qu'à son retour, il a eu le malheur de perdre tout son bien.

MOESTLIN.

Comment cela, Catherine ?

CATHERINE.

Son père, l'ancien bourgmestre de Weil, nous avait laissé quelque fortune. Mais en partant pour la guerre, mon mari avait imprudemment engagé sa signature pour un de ses amis. Et ce dernier ayant fait banqueroute, il a fallu payer pour lui. Tout ce que nous possédions est devenu la proie des créanciers. Entièrement ruinés, nous avons dû, pour vivre, nous retirer ici. Mais rien ne nous réussit et ce cabaret, si bien achalandé autrefois, est presque toujours désert.

MOESTLIN.

Il ne faut pas vous laisser abattre, dame Catherine. N'avez-vous pas une fille et de grands fils, bien venus et vaillants ? Ils travailleront, et amèneront ici la fortune et la joie.

CATHERINE.

Ma fille, Marguerite, est mariée loin de ce pays. Quant à mes fils aînés, l'un est soldat, l'autre fondeur, et aucun d'eux ne vit sous mon toit.

MOESTLIN.

Voyons, Catherine, vous avez un troisième fils, Jean Keppler... Je me souviens de l'avoir vu, tout enfant, à l'école de Léonberg. Il annonçait de grandes aptitudes pour les sciences. Qu'est-il devenu? Pourquoi l'avez-vous retiré de cette école, avant la fin de ses études ? Si vous n'étiez plus assez riche pour continuer à payer son entretien à l'École de Léonberg, il fallait vous adresser à notre grand duc, au duc de Wurtemberg. Il n'a jamais refusé sa protection aux jeunes gens honnêtes et studieux.

CATHERINE.

Ah! monsieur, vous renouvelez mes regrets et ma douleur. Nous étions, en effet, devenus trop pauvres pour continuer à faire élever notre fils à Léonberg ; mais le Recteur de l'école de Maulbronn ayant appris ses heureuses dispositions, nous offrit de le recevoir gratuitement, comme élève. Jean a donc fait toutes ses études à l'école de Maulbronn, qui sert, vous le savez, d'institution préparatoire à l'Université de Tubingue. Malheureusement, mon mari ayant eu besoin d'un aide, pour le service de l'auberge, a fait revenir son fils ; et à l'heure qu'il est, Jean est ici garçon de cabaret.

MOESTLIN.

Garçon de cabaret!

CATHERINE.

Ah ! monsieur, mon cœur saigne de le voir dans une position si peu digne de lui! Malgré sa bonne volonté, comme sa nature délicate le rend peu propre à ce métier, il ne contente guère son père, dont le caractère est aigri par le malheur. Les mauvais traitements auxquels mon pauvre Jean est en proie, me rendront folle... Sa seule joie est de lire les livres qu'il a rapportés de Maulbronn. Mais cette innocente occupation est encore pour lui une source de souffrance ; car mon mari n'entend pas que son fils entretienne des goûts peu en rapport avec sa position; de sorte que la vie de mon Jean bien-aimé est une torture perpétuelle. Ah! M. Mœstlin, si je crains la misère et le malheur, ce n'est pas pour moi, c'est pour ce cher enfant!

MOESTLIN.

Ne me disiez-vous pas qu'il est triste et maladif?

CATHERINE.

Oui, monsieur. Il est sérieux, rêveur, et sa physionomie mobile trahit si bien les sentiments qui l'agitent, qu'on croirait voir son âme à travers les traits de son pâle visage. Il passe de si longues heures à contempler le ciel, qu'il semble qu'une voix mystérieuse l'appelle et le retienne au milieu des étoiles... Du reste, vous allez en juger ; car le voici... Comme toujours, ses regards fuient la terre. Depuis sa dernière maladie, sa vue est très délicate, et la tranquille lueur du ciel étoilé repose ses yeux affaiblis... Je n'ose l'appeler ; car la voix le réveille douloureusement du rêve qu'il fait tout éveillé, en contemplant les astres.

SCÈNE II

LES MÊMES, KEPPLER, SUZANNE

Keppler, un livre à la main, tenant Suzanne enlacée à son bras, traverse lentement la scène, sans voir Catherine et Mœstlin; puis il s'assied silencieusement sur le banc, à gauche, les yeux levés au ciel. Suzanne se couche à ses pieds.

MOESTLIN.

Quelle est la jeune fille qui l'accompagne ?

CATHERINE, baissant la voix, et regardant si personne n'écoute.

La naissance de cette enfant est un secret; et si l'on connaissait son véritable nom, nous serions tous en grand danger. Mais je puis vous confier à vous ce triste mystère de famille; car je sais bien que vous ne le trahirez pas.

MOESTLIN.

Non certes !... Je vous écoute.

CATHERINE.

Vous savez qu'il y a huit ans, le 13 juin 1580, aux environs de Weil, une femme, qu'on appelait Rachel, fut brûlée vive, comme une sorcière.

MOESTLIN.

Oui, son procès a fait un certain bruit en Souabe.

CATHERINE, baissant la voix.

Rachel était ma tante!... Elle m'avait élevée et j'avais passé ma jeunesse auprès d'elle.

MOESTLIN.

Que m'apprenez-vous là, dame Catherine?

CATHERINE.

Rachel était mère d'une jolie petite fille, qui avait huit ans, lors du procès. Craignant pour elle les persécutions auxquelles sont en butte les enfants des sorcières, Rachel avait caché à tous son existence. Les juges eux-mêmes ignorèrent que celle qu'ils condamnaient au bûcher, laissait une fille. Le jour de son arrestation, ma malheureuse tante m'avait confié son enfant; et au moment de son supplice, elle me fit jurer de veiller sur elle, de l'élever et de lui servir de mère... Cette enfant, la voilà!

Elle montre Suzanne.

MOESTLIN.

Pauvre orpheline!... Vous avez raison, il ne faut pas que l'on sache qu'elle est la fille de Rachel! Hélas! avec nos cruels préjugés, à quelle persécution, à quels malheurs, ne seriez-vous pas voués? Quels dangers terribles vous menaceraient!... Mais comment avez-vous pu cacher l'existence de cette enfant?

CATHERINE.

Je la fis passer pour une orpheline, aux parents inconnus. Elle vécut ainsi, près de nous, de quelques miettes échappées de notre misère.

MOESTLIN.

Et quel est son nom?

CATHERINE.

Suzanne... Chère et douce créature, qui sait aimer, comprendre et consoler mon fils!... Tout le monde la prend pour sa sœur. Elle se rend ici utile le plus qu'elle le peut; mais j'ai bien de la peine à empêcher qu'elle ne soit maltraitée par mon mari... Mais j'abuse de votre patience, M. Mœstlin. Ah! c'est que, voyez-vous, il est si bon pour mon cœur de parler de ces deux enfants, que je m'oublie sur un pareil sujet... Là! tout est prêt! Le souper vous attend. (On entend, à la cantonade, la voix d'Henri Keppler, dans l'auberge.) Ah! la voix de mon mari! Je reviens à l'instant.

Elle entre dans la maison; Mœstlin va s'asseoir sous la tonnelle, et mange.

SCÈNE III

MŒSTLIN, sous la tonnelle, KEPPLER, assis sur le banc à gauche, SUZANNE, couchée à ses pieds.

KEPPLER.

Dis-moi, Suzanne, ne trouves-tu pas que la nuit est plus belle, plus douce et plus harmonieuse que le jour? Ne préfères-tu pas la molle lueur d'un ciel constellé d'étoiles, à l'éclat du soleil qui, tout à l'heure brûlait mes yeux?

SUZANNE.

Oui, comme toi, j'aime la nuit. Je l'aime, parce qu'elle est l'oubli de la souffrance... je l'aime, parce qu'elle donne à notre âme le calme et le repos... je l'aime, parce qu'elle est la source des rêves charmants qui remplacent la triste réalité de la vie...je l'aime enfin, parce qu'elle nous éloigne des hommes, pour nous rapprocher de Dieu,

KEPPLER.

Ta pauvre mère aimait aussi la nuit?

SUZANNE.

Oui. Elle disait que le jour appartient au corps, mais que la nuit est le domaine de l'esprit. Souvent, elle m'emmenait avec elle, le soir, cueillir dans les champs, des plantes et des fleurs, qui lui servaient à composer des remèdes pour les pauvres malades. Ah! Jean! que la campagne était belle, sous les pâles rayons de la lune! Les gouttes de rosée scintillaient, comme des diamants, sur l'herbe des prairies. La rivière, transparente et limpide, ressemblait à un immense miroir, et sous les blanches teintes de l'astre de la nuit, les arbres paraissaient revêtus d'un feuillage d'argent. Je passais des heures entières à contempler, en silence, mon ombre qui grandissait sur la surface éclatante du chemin, et le rossignol seul interrompait, de son chant sonore, le silence de ces belles nuits d'été.

KEPPLER.

Tu es heureuse, Suzanne, d'avoir pu admirer toutes ces merveilles, dès ton enfance. Quant à moi, à l'école de Léonberg, comme à celle de Maulbronn, j'ai toujours été enfermé, ne connaissant de la nature que le sol placé sous mes pieds et l'espace qui s'étend au-dessus de ma tête. Heureusement, je peux m'abandonner ici à la contemplation du ciel... J'ai appris à Maulbronn, que Galilée, l'illustre astronome d'Italie, vient de trouver le moyen de construire, avec des lentilles de verre, un instrument si admirable, qu'il fait pénétrer la vue dans les profondeurs de l'espace, grossit les astres, de manière à les rendre parfaitement discernables, et permet d'en découvrir d'autres, qui ne seraient pas visibles à l'œil nu. Je ne serai jamais assez riche pour posséder cette admirable lunette, plus précieuse que le sceptre des rois, car celui qui la tient dans sa main est le véritable souverain du domaine de Dieu, et je donnerais ma vie pour posséder cet instrument merveilleux!

Ils se lèvent.

SUZANNE.

Mais comment as-tu appris à lire dans le ciel, et à connaître les astres ?

KEPPLER, **montrant le livre qu'il tient à la main.**

Vois ce livre, écrit par Kopernik ; c'est là que j'ai appris à comprendre l'univers.

Il lit d'un air rêveur.

MOESTLIN, **sous la tonnelle (à part.)**

Catherine a raison. Les aspirations de ce jeune homme vers la science, sont vraiment remarquables.

SCÈNE IV

MŒSTLIN, sous la tonnelle. KEPPLER, SUZANNE, puis ZÉNO.

ZÉNO, avec un accent italien.

Holà, quelqu'un!

Il frappe sur la table.

SUZANNE, accourant.

Que vous faut-il?

ZÉNO.

Je veux, *per Bacco!* qu'on me serve une bouteille de bon vin... Je dois aller coucher, ce soir, à l'Observatoire de Prague; et je m'arrête ici un moment, pour prendre quelque repos... Qu'on ait soin de mon cheval, avant que je me remette en route.

SUZANNE, allant chercher une bouteille et deux verres, qu'elle met sur la table.

Voilà, monsieur, une bouteille de notre meilleur vin du pays.

Zéno se verse une rasade, et boit.

KEPPLER, s'approchant de Zéno.

Vous allez à l'Observatoire de Prague! Serait-ce chez le savant Tycho-Brahé ?

ZÉNO.

Mais oui... Je suis Zéno, l'astrologue italien, que le grand Tycho a fait venir du fond de la Toscane. Je vais l'aider à lire dans les astres, et à pronostiquer l'avenir!

KEPPLER.

Je croyais que Tycho s'occupait d'astronomie et non d'astrologie.

ZÉNO.

Pour raisonner ainsi, jeune homme, il faut que tu aies une bien pauvre cervelle... Ne sais-tu pas que les prédictions sont la clef de voûte de l'astronomie ?... Tiens, bois ce verre de vin; il éclaircira tes idées!

Il lui verse du vin, et lui présente le verre.

KEPPLER.

Merci; il ne pourrait que les obscurcir.

ZÉNO.

Refuser serait une injure; et dans mon pays, on n'en tolère aucune... Bois à ma santé!

KEPPLER.

Je ne bois à la santé que de ceux que je connais.

ZÉNO.

Per Bacco! tu boiras!

KEPPLER.

Non!

ZÉNO, menaçant, et le verre plein à la main.

Tu boiras, ou sinon...

SCÈNE V

LES MÊMES, FRITZ, ALDRICH.

Tous deux avec des ballots d'almanachs sur le dos.

FRITZ, entrant, s'emparant lestement du verre de vin que tient Zéno.

A ta santé, voyageur! (Se retournant vers Keppler.) A la tienne, jeune homme! (Il boit.) Vrai Dieu, il aurait été fâcheux qu'un aussi bon vin ne rencontrât pas gosier chrétien. (A Aldrich.) Approche, Aldrich ; on ne te refusera pas une rasade, car celui qui a bien marché a soif, et qui a soif, doit boire.

Aldrich prend un verre de vin sur la table, et boit.

ZÉNO.

Per Bacco! Voilà d'étranges façons... Qui êtes-vous ?

ALDRICH.

Deux colporteurs d'almanachs... d'almanachs astrologiques... Voyez!

Il montre ses almanachs.

ZÉNO.

A la bonne heure! Voilà qui me réconcilie avec vous... (A Keppler, qui regarde les almanachs.) Tu regardes ces almanachs d'un air connaisseur, jeune homme. Veux-tu me donner ta main? J'y lirai peut-être que c'est celle d'un futur astrologue.

KEPPLER

J'aime, en effet, tout ce qui se rapporte à l'astronomie ; mais je n'ai que faire de vos prédictions, car je ne crois pas que les astres aient la moindre influence sur les choses d'ici-bas.

ZÉNO

Je te trouve audacieux de parler avec ce mépris de la plus noble de toutes les sciences. Tu mériterais que je te châtie, pour tes insolents propos. Mais l'heure me presse, il faut que je reparte... Seulement, je t'engage à ne jamais te trouver sur mon chemin ; car je ne pardonne pas à ceux qui nient le pouvoir de la sublime astrologie.

Il sort.

FRITZ, à Keppler, qui contemple les almanachs.

Je vois que ces almanachs t'intéressent, jeune homme, et que tu n'as pas sans doute deux kreutzers pour les acheter. Veux-tu en accepter un, en souvenir de notre rencontre ?

KEPPLER, prend l'almanach.

Oh ! merci, mon ami, merci !

Il feuillette l'almanach.

SCÈNE VI

LES MÊMES, HENRI, KEPPLER.

HENRI, à part, sur le seuil de l'auberge.

Que vois-je ! Dieu me pardonne, voilà mon fils,

qui, au lieu de servir les voyageurs, s'amuse à lire desgrimoires!... Ce garçon achèvera de ruiner mon auberge! (S'avançant.) Holà! Jean! ne ferais-tu pas mieux d'offrir un verre de vin à ces nécromans, que de fourrer ton nez dans des livres, auxquels tu n'entends rien? (A Suzanne.) C'est toi qui a ensorcelé mon fils, vilain oiseau de nuit! Tu souffles ici le malheur et la misère!

SUZANNE.

De quoi m'acusez-vous, maître? Ne suis-je pas toujours occupée à vous servir, et à prier Dieu pour vous?

HENRI.

Que le ciel me confonde, si je ne crois pas entendre parler sa mère! Oui, tu as hérité du mauvais œil de Rachel, orpheline maudite! Les filles de ton espèce sont faites pour aller au sabbat, et non pour vivre chez les honnêtes gens. Je t'ai plusieurs fois engagée à déguerpir d'ici. Je te le dis une fois de plus, et ce sera la dernière... Va-t-en, et ne remets plus les pieds chez moi!

KEPPLER, s'avançant.

Ah! mon père!...

SUZANNE, bas, à Keppler.

Ne dis rien, Jean, et laisse-moi partir.

KEPPLER, bas.

Mais que deviendras-tu, seule, sans secours, sans asile?

SUZANNE, à Jean Keppler.

Le vent de l'orage courbe, sans la briser, l'humble

pâquerette des champs. Comme elle, je me relèverai après la tempête. Ne crains rien pour moi! Mes pas glisseront sans bruit sur la terre ; mes yeux sauront me guider dans les ténèbres ; et lorsqu'on me croira bien loin, la miséricorde de Dieu me ramènera à tes côtés... Adieu, Jean, adieu!

Elle sort, en lui envoyant un signe d'amitié.

SCÈNE VII

LES MÊMES, moins SUZANNE.

HENRI, à Keppler.

Apporte donc un broc de vin, Jean!

ALDRICH.

Oui, car la bouteille est finie, mais non pas notre soif.

Keppler, occupé de l'almanach qu'il lit, prend gauchement un broc sur la table, trébuche, et laisse tomber le broc.

HENRI.

Sang et damnation ! mon dernier broc de vin ! Voilà, triple sot, qui te rendra plus adroit à l'avenir!

Il prend un bâton, et le menace.

SCÈNE VIII

LES MÊMES, CATHERINE.

CATHERINE, **accourant et retenant le bras d'Henri.**

Que fais-tu, Henri?... Pardonne-lui, je t'en conjure.

HENRI, **posant son bâton à droite.**

Je n'ai pu retenir ma colère, à voir sa maladresse.

MOESTLIN, **à part.**

Il faut, à tout prix, arracher ce jeune homme à la triste vie qu'il mène ici. **(Sortant de la tonnelle.)** Je crois m'apercevoir, maître Henri, que votre fils laisse un peu à désirer, comme sommelier.

HENRI.

Ah ! M. Mœstlin, vous le voyez, il n'est bon qu'à rêver tout éveillé. Si je ne le châtiais quelquefois, pour le ramener sur la terre, son esprit se perdrait continuellement dans les espaces.

MOESTLIN.

Eh! bien, je ne vous cacherai pas que j'augure favorablement, pour la science, de ces rêveries, qui vous mettent si fort en colère!

HENRI.

Rêveries qui, en attendant, causent ma ruine.

MOESTLIN.

Il y aurait peut-être un moyen d'arranger les choses...

HENRI.

Un moyen?... lequel?...

MOESTLIN.

Confiez-moi votre fils. Je me charge de lui faire terminer gratuitement ses études à l'Université de Tubingue. J'obtiendrai cette faveur du duc de Wurtemberg. Vous serez ainsi débarrassé d'un garçon inutile et distrait, et moi, j'y gagnerai, j'en suis sûr, un excellent élève.

HENRI.

Faites comme il vous plaira, M. Mœstlin; mais je m'étonnerais fort que d'un si triste garçon d'auberge, il sortît un savant.

MOESTLIN.

Et vous, dame Catherine, n'avez-vous aucune objection à faire au départ de votre fils?

CATHERINE

Vous savez que son bonheur est le but de ma vie! Qu'il prononce lui-même, et s'il veut vous suivre à l'Université, je vous remercierai de toute mon âme ; car je préfère mille fois me séparer de lui, que de le voir malheureux.

KEPPLER.

Pardonnez-moi, ma mère, d'accepter sans hésitation l'offre bienveillante du professeur Mœstlin; mais elle réalise mes vœux les plus ardents. Je partirai donc, ma mère!... (A Henri) Mon père, je partirai!

SUZANNE, apparaissant au fond du théâtre.

Ah! (Elle met la main sur son cœur.) Il part!!

Elle sort.

CATHERINE.

Mon fils, joie de ma vie, orgueil de mon cœur, espoir de ma vieillesse, puisse le ciel guider tes pas, éclairer ton esprit, et préserver ton âme de toute douleur. Que Dieu te protège et te conduise.... Adieu!...

KEPPLER.

Votre bénédiction sera le seul bien que j'emporterai d'ici, mais je ne l'échangerais pas pour tous les trésors du monde... Je suis à vous, M. Mœstlin.

MOESTLIN.

Eh bien, partons!

Ils sortent par la gauche.

FRITZ, à Aldrich.

Et nous aussi...

ALDRICH.

C'est ce que nous avons de mieux à faire; puisqu'il n'y a plus rien à boire dans ce triste cabaret.

Fritz et Aldrich sortent par la droite.

SCÈNE IX

HENRI KEPPLER, CATHERINE.

HENRI.

Or ça! il n'y a plus à la maison, ni enfant, ni voyageurs, ni vivres, ni argent. Je ne suis pas homme à rester dans un cabaret désert, où les gobelets sont aussi vides que la bourse... Mon parti est pris, femme; je vais m'engager de nouveau dans les troupes autrichiennes.

CATHERINE.

Miséricorde!

HENRI.

L'Autriche vient de déclarer la guerre à la Turquie. Dieu merci, je n'ai pas oublié de tenir un mousquet, et l'occasion de s'en servir est trop belle pour la laisser échapper.

Il entre dans le cabaret.

CATHERINE.

Est-ce bien possible? Il partirait, il quitterait femme, parents, amis? (**A Henri, qui rentre, tenant un mousquet.**) Ne me laisse pas ainsi, je t'en conjure. Ne peux-tu attendre à demain?

HENRI.

Demain, ce serait trop tard: car je veux, cette fois, faire partie de l'avant-garde, et prendre part au butin. Il faut que j'arrive à Linz à la première heure du jour. Allons, Catherine, du courage, et adieu.

Il lui serre la main, et sort par le fond, le mousquet sur l'épaule.

SCÈNE X

CATHERINE, **seule, puis** SUZANNE.

CATHERINE, **se laissant tomber sur une chaise.**

Seule! me voilà seule!... Ils sont tous partis!... ils m'ont abandonnée!

SUZANNE, **entrant.**

Non, dame Catherine, vous n'êtes ni seule, ni abandonnée. Ne suis-je pas là? Avez-vous donc oublié votre petite Suzanne? Elle restera près de vous, pour vous aimer et vous parler de Keppler!

CATHERINE, **l'embrassant.**

Chère enfant! Hélas! je te croyais bien loin! Comment as-tu fait pour revenir, sans être vue de mon mari?

SUZANNE, **se relevant.**

Je ne suis pas pour rien la fille de ma mère! Là où il faut aller, je vais; là où il faut passer, je passe; là où il faut être, je suis!... Jean vient de partir pour l'Université de Tubingue, n'est-ce pas? et vous êtes triste de ne pouvoir plus lire dans sa vie de chaque jour! Moi aussi je suis triste de son départ... ah! bien triste... Et je viens vous dire : « Je reste ici! Y consentez-vous, dame Catherine? »

CATHERINE.

Si j'y consens! Mais tu me combles de joie!

SUZANNE.

J'irai, de temps en temps, à l'Université de Tubingue. Je saurai si votre fils est heureux, s'il pense à vous; et je reviendrai vous donner de ses nouvelles. Comme ces graines ailées qui transportent les germes des plantes à de grandes distances, je servirai de messagère à votre amour maternel.

CATHERINE, embrassant Suzanne.

Chère Suzanne! Nous prierons Dieu ensemble, pour qu'il veille sur mon pauvre enfant.

SUZANNE.

Oui, soir et matin, nuit et jour, à travers le sourire ou les larmes, avec ma vie, avec mon âme, je dirai sans cesse: (Elle s'agenouille.) « Mon Dieu! veillez « sur lui. Donnez la loyauté à son âme, le courage « à son cœur, le bonheur à sa vie! »

Rideau.

ACTE II

DEUXIÈME TABLEAU

Un duel d'astronomes.

Le parc du palais de Rodolphe II, à Prague. — Arbres et charmilles. — A gauche, l'entrée du palais.

SCÈNE PREMIÈRE

FRITZ, seul.

FRITZ, il arrange et nettoie des appareils astronomiques.

Mon maître veut établir dans ce parc quelques instruments d'astronomie, et il m'a donné l'ordre de tout préparer, pour qu'ils soient en place avant la nuit... Voyons si je n'ai rien oublié... Le méridien céleste? (Il place le méridien sur un pied.) La sphère? Le sextant? (Il place le sextant et la sphère sur un pied.) La boussole? (Il place la boussole.)... Ah! ce pied de lunette! (Il place à droite le pied de lunette.) Je crois que c'est tout. Maintenant, le maître peut venir... (Prêtant l'oreille.) C'est lui, sans doute... Non... Quel est cet homme?

SCÈNE II

FRITZ, ALDRICH, il porte un ballot sur ses épaules.

ALDRICH.

Peut-on se présenter ?...

FRITZ.

Mais il me semble que oui, puisque vous voilà... vous et votre ballot... Que demandez-vous ?

ALDRICH, posant son ballot sur la table.

Comment, tu ne reconnais pas un camarade ?

FRITZ.

Aldrich !... Excuse-moi de ne pas t'avoir reconnu ; mais il s'est passé tant d'événements depuis que nous nous sommes séparés, à Ermendingen, que j'avais un peu oublié que j'ai porté, comme toi, la balle du colporteur.

ALDRICH.

Je la porte toujours, moi... Je suis, comme autrefois, colporteur d'almanachs astrologiques, prophétiques, cabalistiques, et à l'occasion, tireur de cartes, nécromancien, diseur de bonne aventure, et débitant de prédictions célestes... Pour toi, mon cher Fritz, tu as fait, mieux que moi, ton chemin.

FRITZ.

Oui, j'ai trouvé un emploi auprès de Jean Keppler, que nous avions rencontré, il y a dix ans, au cabaret d'Ermendingen, alors qu'il était simple garçon d'auberge, et qui, depuis, a fait une fortune imprévue et rapide... Les leçons du professeur Mœstlin et ses études à l'Université de Tubingue lui ont si bien profité, qu'il est entré, comme élève astronome, chez l'illustre Tycho-Brahé, dans l'Observatoire attaché au palais de notre Empereur, Rodolphe II.

ALDRICH.

Mais Tycho-Brahé vient de mourir, et ton maître le remplace à l'Observatoire, jusqu'à ce qu'il plaise à notre féal Empereur, Rodolphe, d'accorder définitivement ce poste à un savant digne de remplacer le grand Tycho.

FRITZ.

J'espère bien que le successeur de Tycho-Brahé, ce sera mon maître.

ALDRICH.

C'est ce qu'on verra.

FRITZ, **d'un air mécontent.**

Mais, pardon, tu ne m'as pas dit ce que tu viens faire à Prague?

ALDRICH.

Je viens y vendre des almanachs.

FRITZ, **prenant un almanach et le regardant.**

Et des prédictions...

ALDRICH.

Un almanach sans prédictions, ce serait un missel sans images, et un rosaire sans croix.

FRITZ, à part.

Ou une médaille sans revers.

ALDRICH.

Les almanachs astrologiques sont toujours bien reçus par l'Empereur Rodolphe. Les miens renferment une prédiction pour chaque jour de l'année... Aide-moi à les vendre; nous partagerons les profits.

FRITZ.

Merci.

ALDRICH.

Tu refuses, et pourquoi?

FRITZ.

Parce que les prédictions astrologiques ne sont que des mensonges.

ALDRICH.

C'est ton maître qui t'a appris cela; c'est Keppler?

FRITZ.

Assurément!

ALDRICH.

Keppler, un savant, un homme qui n'a ni sou ni maille!... Et tu lui obéis?

FRITZ.

Oui, et je suis fier de lui obéir, car il a pour richesse le génie, et pour domaine l'univers!

ALDRICH.

J'aimerais mieux un domaine moins vaste, où, en

place d'étoiles, on récoltât du blé... ce serait plus nourrissant. (Il reprend son ballot.) Grand bien te fasse d'être aux gages d'un maître qui a les astres pour richesse... Cette monnaie-là n'a pas cours sur la erre... Adieu valet d'astronome!

FRITZ.

Et pourrait-on savoir où tu vas, colporteur de mensonges?

ALDRICH.

Je vais à la recherche de quelque seigneur qui puisse aider à ma fortune... Le palais de Rodolphe II est rempli de nécromanciens, devins et magiciens; c'est bien le diable si je n'y trouve pas mon homme. (Apercevant, à droite Zéno, qui entre, et marche lentement, absorbé dans ses pensées.) Et justement, voilà un astrologue de bonne mine.

FRITZ.

Tu dois le reconnaître. C'est Zéno, l'astrologue italien dont nous fîmes la rencontre en Souabe, au cabaret d'Henri Keppler, pendant qu'il se rendait auprès de Tycho-Brahé.

ALDRICH.

Et que fait-il ici?

FRITZ.

Il tâche d'obtenir la place de directeur de l'Observatoire, place vacante depuis la mort de Tycho-Brahé, et qui reviendrait de droit à Keppler, puisque Tycho-Brahé, en mourant, l'a désigné comme le plus digne de le remplacer.

ALDRICH.

Très bien, mais quels sont les titres de Keppler?

FRITZ.

Ses travaux, sa science, son génie!

ALDRICH, à part.

Peuh!... (Haut.) Et ceux de Zéno?

FRITZ.

L'ignorance et l'astuce.

ALDRICH, à part.

C'est mon homme.

Il replace son ballot sur la table.

FRITZ.

Que fais-tu?

ALDRICH.

Je reste, pour parler au seigneur Zéno.

FRITZ.

Je te laisse avec lui. Je n'aime pas ce museau de fouine.

Il sort par la gauche.

SCÈNE III

ALDRICH, ZÉNO.

ZÉNO, marchant, absorbé dans ses pensées et arpentant la scène, sans voir Aldrich, qui le suit.

Le coq a chanté ce matin avant l'heure... le soleil a disparu derrière les nuages... un vent embrasé a soufflé sur la terre, et le tonnerre a grondé dans le ciel. Les chiens hurlent au fond des chenils... les limaces traînent sur l'herbe leur corps visqueux... les phalènes, comme prises de vertige, se heurtent contre les arbres... les araignées abandonnent leur toile, pour courir avec inquiétude sur le sol...

ALDRICH, le suivant toujours, et l'arrêtant.

Le lait s'aigrit, et le vin tourne en vinaigre.

ZÉNO, se retournant.

Hein ?

ALDRICH.

Tout cela est le présage d'un orage.

ZÉNO.

Et celui d'un malheur ; car l'un ne va pas sans l'autre.

ALDRICH.

Oui, mais un habile magicien peut toujours conjurer l'un et l'autre.

ZÉNO.

C'est vrai... Mais qui es-tu, toi qui viens ainsi interrompre mes méditations ?... Il me semble t'avoir vu quelque part...

ALDRICH, se campant devant lui.

Aldrich, prophète ambulant, devin de carrefour, colporteur d'occasion, et marchand d'almanachs... sans feu ni lieu, bien avec l'église, mal avec la fortune (le saluant du pied, et ôtant son chapeau) ; et tout prêt, si vous le voulez bien, à entrer à votre service, seigneur Zéno !

ZÉNO.

Ouais! Pour être valet d'astrologue, il faut en connaître les devoirs. Sais-tu ce que tu aurais à faire, si tu entrais chez moi?

ALDRICH.

Parfaitement ; vous n'avez qu'à m'interroger.

ZÉNO.

Eh bien ! voyons !... Que ferais-tu, le matin?

ALDRICH.

Le matin, mon premier soin serait de consulter les restes d'un épi de blé picoré par votre poule blanche... Car, vous avez, je suppose, une poule blanche ?

ZÉNO.

Belle question ! J'en ai trois... Et à midi ?

ALDRICH.

A midi, je suspendrais à votre porte un fer à cheval, et des plumes de chouette.

ZÉNO.

Pourquoi ?

ALDRICH.

Pour détourner le mauvais sort.

ZÉNO.

Pas mal... Et le soir ?

ALDRICH.

Le soir, je compterais les étincelles qui s'échapperaient de la queue de votre chat noir... Car vous avez, je pense, un chat noir ?

ZÉNO.

J'en ai quatre !... Et au crépuscule ?

ALDRICH.

Au crépuscule, j'observerais, au plafond de votre Observatoire, les cercles décrits par vos chauves-souris... Car vous ne manquez pas, je présume, de chauves-souris ?

ZÉNO.

J'en nourris une douzaine dans mon grenier... Et à minuit ?

ALDRICH.

A minuit, je mettrais une queue de lézard dans votre soulier, pour y trouver, le jour de votre fête, des écus neufs.

ZÉNO.

Que ferais-tu ensuite ?

ALDRICH.

Je frotterais vos oreilles avec des feuilles de mandragore.

ZÉNO.

Pourquoi ?

ALDRICH.

Pour vous empêcher de voir, en rêve, des belettes.

ZÉNO.

Et que m'arriverait-il si je rêvais belette ?

ALDRICH.

Vous épouseriez une femme boîteuse, borgne et bossue. (Mouvement de Zéno.) Ah ! pour empêcher ce malheur, je frotterais vigoureusement, soyez tranquille.

ZÉNO.

Je vois que tu es au courant du métier.

ALDRICH.

Je n'ai pas tout dit... Attachez-moi à votre personne et je vous aide, de toutes mes forces, à devenir le directeur de l'Observatoire de Prague.

ZÉNO.

Très bien... Mais que ferais-tu pour cela ? J'ai dans Keppler un rival redoutable. L'Empereur l'honore et le protège. Le faire tomber en disgrâce n'est pas chose facile.

ALDRICH.

Quand on veut abattre un chêne, seigneur Zéno, on l'attaque par la racine, n'est-ce pas?

ZÉNO.

Que veux-tu dire ?

ALDRICH.

Je veux dire, pour faire tomber Keppler, c'est sa mère qu'il faudrait frapper.

ZÉNO.

Mais dame Catherine commande à tous l'estime et le respect.

ALDRICH.

Bah! en fouillant bien dans la vie d'une femme, on trouve toujours de quoi la faire pendre.

ZÉNO.

D'accord, mais il faudrait des preuves.

ALDRICH.

Des preuves? Il ne s'agit que d'y mettre le prix!

ZÉNO.

Je l'y mettrai.

ALDRICH, à lui-même.

Eh bien! voyons... Dame Catherine est née à Weil; elle y a été élevée, elle s'y est mariée... Oui, c'est cela!

Il reprend son ballot.

ZÉNO.

Où vas-tu?

ALDRICH.

A la brasserie de la Licorne... C'est là que se réunissent les colporteurs de Weil... Il m'en coûtera quelques pintes de bière, mais on me dira sur Catherine plus que je n'en veux savoir.

ZÉNO.

Allons! je vois que l'on pourra faire quelque chose de toi.

ALDRICH, tendant la main.

Et de vous, seigneur?...

ZÉNO, lui jetant une bourse.

Tiens!

ALDRICH, attrapant la bourse.

De l'or!... Les preuves contre Catherine seront écrasantes, seigneur Zéno... écrasantes...

Il sort par la gauche.

SCÈNE IV

ZÉNO, seul.

ZÉNO, il se frotte les mains.

Tout va bien!... Regarde, observe, compte, étiquète les astres, Jean Keppler! Je ne te crains plus... Je serai bientôt le seul maître ici... (Regardant à droite.) Mais j'aperçois Suzanne... Suzanne, cette enivrante jeune fille que je n'ai pu voir sans l'aimer, et qui n'a encore répondu que par le dédain à mes paroles d'amour... Keppler est, dit-on, son frère!... Son frère?... C'est ce que je veux absolument éclaircir...

SCÈNE V

ZÉNO, SUZANNE.

ZÉNO.

Qui cherches-tu, Suzanne.

SUZANNE.

Ah ! pardon, seigneur Zéno...

Elle fait une courte révérence, et traverse la scène, pour se retirer.

ZÉNO.

On dirait que tu te méfies de moi. Tu détournes les yeux. Pourquoi m'éviter et me fuir? Je ne peux te faire aucun mal.

SUZANNE, revenant.

Le hibou ne peut faire aucun mal à la colombe enfermée dans sa cage, et pourtant, dès que l'oiseau de proie, ouvrant ses larges ailes, plane au haut des airs, la colombe, devinant un danger, se blottit dans un coin, tremblante d'effroi.

ZÉNO.

Per bacco ! jeune fille, je ne suis point le hibou, si tu es la colombe ; car, tu le sais, je t'aime, et je donnerais tout pour être aimé de toi. Laisse-moi donc te redire le bonheur que j'éprouve à te voir, et l'espoir que je ressens que tu seras un jour sensible à ma tendresse.

SUZANNE.

Laissez-moi !...

ZÉNO.

Est-ce Keppler, (avec intention.) Keppler, ton frère qui t'inspire contre moi ces sentiments de crainte ?

SUZANNE.

Pourquoi me parlez-vous de Keppler ? Pourquoi me poursuivez-vous toujours de vos soupçons, à propos de lui ? Est ce parce que je veille sur son bonheur ? Est-ce parce que je connais les secrets sentiments de ceux qui veulent le perdre, pour s'approprier sa position et sa gloire ?

ZÉNO.

Diavolo ! jeune fille, quel feu !... Au lieu d'être la sœur de Keppler, serais-tu ?...

SUZANNE.

Croyez ce qu'il vous plaira. Keppler est au-dessus du soupçon, et quant à moi, je suis trop peu de chose pour m'inquiéter de la calomnie.

ZÉNO, lui prenant la main.

Ainsi, tu es la sœur de Keppler, sœur, née du même père et de la même mère ? (Suzanne retire sa main, sans répondre.) Tu ne réponds rien ?

SUZANNE.

Qu'avez-vous besoin de mes paroles pour savoir la vérité ? Puisque vous êtes astrologue, interrogez les astres. Ils vous répondront aussi bien que moi.

ZÉNO.

Tu as tort de railler l'astrologie, jeune fille. Elle m'a déjà révélé un secret qui te concerne.

SUZANNE

Un secret?

ZÉNO.

Oui, les astres m'ont appris qu'un mystère enveloppe ta naissance.

SUZANNE.

Votre science est fausse et menteuse; je la méprise et je la défie.

ZÉNO.

Tu la défies, jeune fille? Je relève ce défi, et mon art va découvrir les secrets de ta vie.

SUZANNE, avec ironie.

Vraiment?... Vous allez lire mes secrets dans ma main?...

ZÉNO.

Je n'examinerai ni les lignes de ta main, ni les traits de ton visage. Je ne veux lire que dans ton âme... Écoute-moi donc.

SUZANNE.

Parlez!

ZÉNO.

Depuis un mois, Keppler n'a pas manqué une seule des réunions du soir, chez l'Empereur, ni une seule des fêtes qui se donnent à la Cour.

SUZANNE.

Je le sais!

ZÉNO, regardant Suzanne.

Et tu sais également pourquoi il se montre si assidu chez l'Empereur?

SUZANNE.

Pourquoi donc!

ZÉNO.

On assure qu'il est, parmi les demoiselles d'honneur de la Cour, une femme qui a su fixer son cœur, une femme... (Appuyant.) qu'il aime...

SUZANNE, à part.

Ciel!

ZÉNO.

Et qu'il veut épouser!

SUZANNE, vivement.

Une femme qu'il aime et qu'il veut épouser?... Son nom, Zéno, dites-moi son nom!... Dites-moi si elle est jeune, si elle est belle. Ah! répondez! répondez, je vous en supplie... Vous le voyez, je ne vous brave plus, je vous implore...

ZÉNO.

Elle est jeune et elle est belle.

SUZANNE, avec douleur, et mettant la main sur son cœur.

Ah!

ZÉNO, s'écartant d'elle.

Je sais maintenant tout ce que je voulais savoir.

Tu n'es pas la sœur de Keppler; car tu l'aimes, et la jalousie torture ton âme.

SUZANNE.

Vous avez voulu me surprendre; mais je ne vous écouterai pas plus longtemps.

Fausse sortie.

ZÉNO.

Encore un mot, de grâce!

Il essaie de la retenir.

SUZANNE.

Non, laissez-moi partir!

Fausse sortie.

SCÈNE VI

ZÉNO, SUZANNE, KEPPLER, FRITZ.

KEPPLER, **à Suzanne, qu'il rencontre en entrant.**

C'est toi, Suzanne?... Tu parais toute bouleversée?... Tu pleures?... Pourquoi ces larmes? (**Apercevant Zéno**) Zéno... Ah! je comprends! (**S'approchant de Zéno.**) Ainsi, messire astrologue, il ne vous suffit pas de me poursuivre de vos attaques, et de vos propos calomnieux, pour me ravir le poste d'astronome impérial; vous persistez à fatiguer de vos obsessions, de vos reproches, de vos soupçons injustes, celle...

ZÉNO.

Celle?... Achevez!

KEPPLER.

Celle qui a voué sa vie à m'entourer de ses soins, de son dévouement, de sa tendresse.

ZÉNO.

Pourquoi ne dites-vous pas : ma sœur?

KEPPLER, avec hauteur.

Vous n'avez pas à me dicter mes paroles!

ZÉNO.

C'est que le sujet de notre entretien, c'était précisément de savoir s'il est bien vrai que Suzanne soit votre sœur; et telle était la cause de son trouble et de ses larmes... Eh bien, seigneur Keppler, je sais maintenant que vous n'êtes point le frère de cette jeune fille.

KEPPLER.

Si vous m'aviez posé cette question d'une façon simple et loyale, je vous aurais répondu, avec la même franchise : « Non, je ne suis pas le frère de Suzanne ». Mais vous avez torturé odieusement une âme faible et craintive. Vous avez mal agi, seigneur Zéno, en usant envers une jeune fille, de violence et de contrainte.

ZÉNO, avec hauteur.

Ce n'est pas à vous à juger ma conduite!... Vous reconnaissez que Suzanne n'est point votre sœur, et pourtant, vous habitez tous les deux sous le même toit, dans le palais de l'Empereur.

KEPPLER.

Suzanne vit auprès de ma mère!

ZÉNO.

Oui, on sait ce que cela veut dire...

KEPPLER.

Et cela veut dire?...

ZÉNO.

Que cette jeune fille est votre maîtresse!

KEPPLER.

Infâmie!... Suzanne est l'honneur et la pureté mêmes!...

ZÉNO.

Ainsi, Suzanne n'est ni votre sœur, ni votre maîtresse. J'en suis ravi... Vous n'ignorez pas, en effet, que j'aime cette jeune fille! Puisqu'elle est libre, puisqu'elle ne dépend de personne, je puis hautement afficher mes prétentions sur elle. Je puis lui dire : « Sois la compagne de ma vie, sois à moi, puis« que tu n'es à personne ».

Il prend la main de Suzanne.

KEPPLER.

Misérable!... Je te défends de toucher à cette femme!

ZÉNO.

Je suis d'un rang et d'une naissance à ne supporter aucune injure, Jean Keppler! Nous portons l'épée tous les deux ; je vengerai mes offenses avec mon épée!...

KEPPLER.

Je suis à vos ordres ; dites-moi seulement l'heure et le lieu.

ZÉNO.

Ici même, dans une heure !

KEPPLER.

Dans une heure je serai ici.

Il sort par la gauche.

ZÉNO.

Tu m'y trouveras !

Il sort par la droite.

SCÈNE VII

FRITZ, SUZANNE.

FRITZ.

Voilà ce que je craignais. Il y avait entre ces deux hommes une haine trop violente ; elle devait finir par éclater.

SUZANNE.

Mais n'est-il aucun moyen d'empêcher ce duel ?

FRITZ.

Aucun !

SUZANNE.

Je suis d'un inquiétude mortelle. Keppler sait-il seulement tenir une épée?

FRITZ.

Mon maître a reçu, à l'Université de Tubingue, l'éducation d'un gentilhomme. Il connaît assez l'usage de l'épée pour défendre sa vie. Ce n'est donc pas un combat loyal que je redoute pour lui.

SUZANNE.

Et que redoutez-vous ?

FRITZ.

Je me méfie de ces damnés italiens, depuis certain duel auquel j'ai assisté un jour, à Prague, en curieux.

SUZANNE.

Que veux-tu dire ?

FRITZ.

Les affaires d'honneur ne sont pas rares à la cour de Rodolphe. Il y a quelques années, un Italien, le chevalier Catanaci, eut une querelle avec un Saxon, le baron de Vrangel, et l'on se battit, aux portes de la ville. Vous savez que les Italiens se battent en duel avec l'épée dans la main droite et un poignard dans la main gauche.

SUZANNE.

Je sais cela !

FRITZ.

Mais vous ne savez peut-être pas, qu'en Allemagne, on considère comme déloyal l'usage du poignard, et que l'on n'admet dans un duel, que l'épée contre l'épée.

SUZANNE.

Eh! bien ?

FRITZ.

Eh ! bien, le chevalier Catanaci avait caché un poignard dans la manche gauche de son pourpoint. A un certain moment, il envoya un furieux coup d'épée au baron, qui releva le fer de son adversaire, par une solide parade... Mais, par cette parade, il se découvrait. Le traître italien guettait ce mouvement. Il s'élança sur le pauvre baron, et le frappa à la gorge, du poignard, qu'il tenait dans sa main.

SUZANNE.

C'était une trahison infâme !

FRITZ.

Oui, mais le baron était mort... Savez-vous si Zéno porte habituellement un poignard ?... S'il en prenait un, pour ce duel, mon pauvre maître pourrait être frappé traîtreusement.

SUZANNE.

Je te remercie de l'avis, Fritz. Je saurai, j'en réponds, m'assurer de l'égalité des conditions du combat.

FRITZ.

Oui, mais comment ?

SCÈNE VIII

SUZANNE, FRITZ, ZÉNO. Il a l'épée au côté, et un poignard caché sous son pourpoint.

FRITZ, à Zéno.

Vous êtes le premier au rendez-vous, seigneur Zéno...

ZÉNO, regardant autour de lui.

C'est ce que je vois.

SUZANNE, à Zéno avec càlinerie.

Mais est-il bien vrai que vous alliez vous battre ? Un duel entre savants, cela me paraît impossible. Des astronomes, cela ne doit se battre qu'au télescope!

ZÉNO.

Qu'il soit soldat, gentilhomme, ou savant, un homme d'honneur venge ses injures avec son épée.

SUZANNE.

Je suis curieuse, seigneur Zéno... Je voudrais bien savoir comment est faite l'épée d'un astronome ?

ZÉNO, tirant son épée du fourreau, et la donnant à Suzanne.

Voyez!...

SUZANNE.

Je suis d'un pays où les armes sont familières aux femmes; car elles ont à se défendre, dans les sauvages montagnes de la Souabe, contre les brigands ou les soldats pillards. Je me connais donc en bonnes lames. Celle-ci, (elle fait plier l'épée.) est de Solingen. Son acier est souple et solide; elle ne se brisera pas entre vos mains. (elle pose l'épée sur un banc.) Et le poignard ?...

ZÉNO, embarrassé.

Le poignard ?...

SUZANNE.

Oui, un Italien a toujours son poignard. Montrez-moi donc, je vous prie, votre stylet, comme vous m'avez montré votre épée... Caprice de femme, seigneur Zéno, on ne résiste pas à cela!

ZÉNO, tirant son poignard caché, et le donnant à Suzanne.

Quelle enfant vous êtes, et quelle étrange fantaisie de vouloir ainsi jouer, de vos blanches mains, avec ces instruments de mort! Regardez mon poignard tout à votre aise, pendant que je remetterai mon épée.

Il lui donne son poignard, et va reprendre sur le banc, son épée, qu'il remet au fourreau.

SUZANNE, à part.

Oh! le traître! (Lui rendant le poignard.) (Haut) Reprenez votre poignard, seigneur Zéno. Il est encore d'un meilleur acier que votre dague, et vous pouvez compter sur lui, en toute occasion.

SCÈNE IX

Les Mêmes, KEPPLER, FRITZ.

KEPPLER.

Pardonnez-moi de vous avoir fait attendre quelques instants. Je suis à vous. Nos deux valets mesureront les épées.

Fritz et Aldrich mesurent les épées, et les rendent aux deux adversaires.

FRITZ, à Aldrich.

Il est inutile, je pense, de dire que l'usage du poignard est interdit.

ALDRICH.

Oui, ni mon maître, ni le tien n'en ont apporté, je suppose...

Keppler et Zéno croisent le fer, et font quelques attaques. Zéno envoie un coup droit à Keppler, qui le pare et se découvre. Sur ce mouvement, Zéno fond sur lui, et après avoir tiré son poignard, de la main gauche, il va pour le frapper. Mais Suzanne se précipite sur lui, et lui arrache le poignard, qu'elle jette à terre.

ZÉNO.

Enfer et damnation! On m'a trahi!

SUZANNE, s'avançant.

C'est toi qui es un traitre. Tu voulais assassiner, au lieu de combattre; mais ton fatal dessein a été déjoué.

ZÉNO, à Suzanne.

Oui, par ta perfidie !

KEPPLER.

Pour aujourd'hui, seigneur Zéno, nous en resterons là. Nous reprendrons les armes un autre jour, et je veillerai mieux à la sincérité du combat... Au revoir, Zéno !

Il sort avec Fritz et Suzanne.

SCÈNE X

ALDRICH, ZÉNO.

ZÉNO.

Échouer par la main d'une femme, c'est double honte et double rage !

ALDRICH.

Ne vous désespérez pas, mon maître ; rien n'est encore perdu. Keppler a gagné la première partie, à nous la revanche.

ZÉNO.

Que veux-tu dire ?

ALDRICH.

Ce matin, en vous quittant, je suis allé, comme je vous l'avais promis, au cabaret de la Licorne, où se réunissent les colporteurs de Weil, le pays de Catherine, et là, en faisant causer ces hommes, j'ai appris sur la mère de Keppler, et sur Suzanne, des choses...

ZÉNO.

Des choses?... Parle, parle vite!

ALDRICH.

A faire brûler la mère, et à perdre à jamais le fils... Le poignard vous a trahi, le bûcher ne vous trahira pas.

ZÉNO.

Bien, Aldrich! car la flamme est plus sûre que le fer!

ALDRICH.

Venez, que je vous explique tout cela!

Ils sortent.

Rideau.

ACTE III

TROISIÈME TABLEAU

Empereur et Magicien.

Une salle de l'Observatoire de Prague. — Au fond, des rideaux formant tenture. — Portes latérales, recouvertes de portières qui, relevées, laissent voir d'autres salles. — D'un côté une table et un grand fauteuil ; de l'autre, un bahut. — Instruments d'astronomie sur le bahut et sur la table. Escabeaux, etc...

SCÈNE PREMIÈRE

SUZANNE, seule.

Zéno sait que je ne suis pas la sœur de Keppler. Ah! la découverte de ce secret nous expose à tous les dangers... Avec quelle joie cruelle cet homme m'a appris que Keppler aime une demoiselle de la Cour!... Mais n'étais-je pas folle, aussi, de penser que Keppler pourrait m'aimer? N'est-il pas naturel qu'il préfère une dame riche et noble à la pauvre orpheline?... Je ne resterai pas ici plus longtemps; je partirai. Je ne veux pas abuser davantage de l'hospitalité que m'accorde dame Catherine. Je laisserai Keppler à ses amours... Mais partir, ne plus le revoir, lui que j'aime, lui qui s'est dévoué à mon enfance. Comment m'y décider?... D'ailleurs, Zéno m'a peut-être menti, en disant que Keppler est amoureux d'une demoiselle d'honneur... S'il n'avait pas dit vrai; s'il n'avait voulu que torturer mon cœur, pour en faire sortir mon secret?... Il faut absolument que mes doutes s'éclaircissent; il faut que je voie Keppler... Voici l'heure où il se rend, chaque jour, dans cette salle, pour ses travaux. Je lui parlerai... C'est lui sans doute... Il vient. Allons, du courage Cet entretien va décider du sort de ma vie.

SCÈNE II

SUZANNE, KEPPLER.

KEPPLER, il entre, fort agité, par la porte du fond. Il est suivi d'un officier, qui paraît insister, pour obtenir de lui une réponse.

Non, capitaine Baldus, mille fois non! Je ne vous donnerai ni écrit, ni paroles. Pas plus à votre maître, le duc de Wallenstein, qu'à tous les princes ou barons, je ne livrerai de prédictions astrologiques... Dût toute la Cour m'accabler de sa colère, dût l'Empereur me frapper de sa disgrâce, je ne tirerai aucun horoscope!... Allez, je vous prie, capitaine, porter ma réponse au général.

L'officier s'incline, et sort.

SUZANNE, s'approchant de Keppler.

Qu'as-tu, et d'où vient cette agitation?

KEPPLER.

C'est le général, duc de Wallenstein, qui me persécute, pour que je consente à composer son horoscope. Voilà trois fois qu'il m'expédie un de ses officiers pour me le demander. Seulement cette fois, ce n'était plus une prière que m'apportait le capitaine Baldus, c'était un ordre de l'Empereur... Et tu as vu le cas que j'ai fait des prières du duc,comme de l'ordre de l'Empereur.

SUZANNE.

Cependant si l'Empereur Rodolphe subvient aux dépenses de cet Observatoire, ce n'est pas pour autre chose, assurément, que pour avoir des prophéties célestes et des horoscopes à son usage, ou à celui des dignitaires de la Cour.

KEPPLER.

Oui, et c'est là ce qui fait le tourment de ma vie. On veut absolument que je demande au ciel des secrets qu'il ne peut me fournir. Je résiste, de toutes mes forces, à ces exigences ; mais la lutte que je suis forcé de soutenir contre l'ignorance et la crédulité des gens de cour, m'oppresse et me tue.J'ai entre les mains l'admirable télescope découvert par Galilée, et qui fait pénétrer ma vue dans des régions du ciel que nul œil humain n'a jamais contemplées, et quand je suis occupé à plonger mes regards dans ce monde inconnu, il faut que je m'arrête, pour répondre à monsieur le Bourguemestre ou à monsieur le Sénéchal, qui me demandent de leur dire la bonne aventure céleste. A l'Empereur, à ses généraux, à ses courtisans, aux dames de la Cour et jusqu'à leurs laquais, il faudrait constamment faire des prédictions astrologiques, c'est-à-dire mentir, mentir sans cesse et toujours. Plutôt quitter cet Observatoire, que de céder à de telles instances... Ah ! chère Suzanne, j'envie le sort du pêcheur, qui tire péniblement son filet sur la grève ; j'envie la destinée du bûcheron, qui fait retentir sa cognée dans le silence des bois, ou celle du moissonneur, qui, du matin au soir, coupe, avec insouciance, les épis de son champ. Ils sont heureux ! Ils font leur tâche en plein soleil, à la face de Dieu ! Ils n'ont pas, comme moi, à cacher leur travail à des yeux ignorants et jaloux.

Il s'assied, et pose sa tête sur sa main.

SUZANNE.

Je comprends combien ton sort est cruel ; mais il doit bientôt changer. Tycho-Brahé était ici le seul maître de ses actions. Quand l'Empereur t'aura appelé à le remplacer, tu ne relèveras que de toi-même, et tu opposeras un refus formel à ces fatigantes obsessions.

KEPPLER.

C'est bien là l'espoir qui me soutient, et qui me donne la force de surmonter tant de dégoûts... Mais je ne t'occupe que de moi, chère Suzanne, et je sais que tu as à me parler... Tu parais inquiète... Que se passe-t-il ?

SUZANNE.

Ce qui se passe, le voici... Zéno sait que je ne suis point ta sœur, et peut-être, à l'heure qu'il est, connaît-il le secret de ma naissance.

KEPPLER.

Eh bien !... que crains-tu?

SUZANNE.

Je tremble qu'il n'abuse contre toi de ce dangereux secret. Quand on saura que je suis la fille de Rachel, on t'accusera, toi, d'avoir passé ta jeunesse près de la fille d'une sorcière. Accueillir et bien traiter la fille d'une mécréante, brûlée par ordre d'un tribunal, c'est un crime qui attire honte et châtiment.

KEPPLER, pensif.

Oui, nous serions perdus si l'on savait cela...

SUZANNE.

Il n'y a qu'un moyen de détourner le danger qui te menace, c'est de m'éloigner d'ici. Voilà pourquoi, je suis venue prendre congé de toi, voilà pourquoi je te fais mes adieux.

KEPPLER.

Nous séparer ! Suzanne, y penses-tu ? Mais c'est impossible!... Pendant quinze ans j'aurais reçu tes consolations, ton doux regard et ton sourire ; pendant quinze ans, tu aurais été l'ange gardien de mon foyer, la compagne de ma vie, et je te laisserais partir, brisée de douleur! Non ! tant que je vivrai, Suzanne, tu resteras entre ma mère et moi.

SUZANNE.

On m'a dit pourtant que tu as de nouveaux projets... qu'une demoiselle d'honneur a su attirer tes regards... que tu veux l'épouser?...

KEPPLER.

Je vois qu'un écho indiscret est arrivé jusqu'à toi, ma pauvre enfant, et qu'il a éveillé tes inquiétudes. Je vais donc tout t'expliquer... Veux-tu, Suzanne, être la confidente de mes amours?

Il la fait asseoir près de la table, et s'assied devant elle.

SUZANNE.

Moi la confidente de tes amours?... Enfin... je t'écoute !

KEPPLER, tire des médaillons de son escarcelle, et les place sur la table.

Vois ces médaillons. Il y en a six. Chacun renferme le portrait d'une jeune fille. Toutes sont belles, toutes sont nobles.

SUZANNE, prenant les portraits.

Ces portraits sont ceux des demoiselles d'honneur de la Cour, Anna, Mathilde, Sarah, Marie, Marguerite et Louise... Comment sont-ils entre tes mains?

KEPPLER.

C'est une aventure si étrange, qu'en vérité je me demande encore si je n'ai pas été le jouet d'un rêve.

SUZANNE.

Une aventure ?

KEPPLER.

Hier, au milieu du bal de la Cour, un domino masqué s'est approché de moi : « Jean Keppler, m'a-t-il « dit, les demoiselles d'honneur t'aiment en secret...

« Voici leurs portraits... Choisis celle qui te paraît la « plus belle; remets son image à l'Empereur, et « l'Empereur t'accordera sa main. » Et le domino masqué disparut, en me laissant ces médaillons.

SUZANNE, à part.

Grand Dieu! Zéno avait dit vrai!

KEPPLER.

Ainsi, je n'ai qu'à choisir, parmi ces jolis visages, celui qui m'attire le plus...

SUZANNE, se levant, (fausse sortie).

Adieu, Jean...

KEPPLER, la retenant.

Attends! je n'ai pas tout dit. (Il la ramène près de la table.) Voici pourtant un autre médaillon. (Il tire un autre médaillon de sa poitrine, et le regarde avec tendresse.) Cette gracieuse image, au front pur, au regard enchanteur, ne m'a pas été remise avec les portraits des demoiselles d'honneur. C'est moi qui l'ai dessinée, dans mes heures de poésie et de solitude. Je la joins aux portraits de celles qu'on me propose pour fiancées... (A Suzanne.) Veux-tu maintenant Suzanne, m'aider, à trouver, parmi tous ces portraits, celle qui doit devenir la compagne de ma vie?

SUZANNE.

C'est moi que tu charges de choisir ta fiancée?

KEPPLER.

Et qui mieux que toi, pourrait diriger mon choix?

SUZANNE, repoussant les médaillons, sans les regarder.

Non, je ne regarderai pas ces médaillons! Ils ne représentent que de jeunes coquettes, indignes de toi. (Elle lui prend la main.) Crois-moi, ne donne pas ton cœur à une de ces frivoles demoiselles de la Cour. Cherche quelque jeune fille, à l'esprit franc et droit. Ne lui demande ni la naissance, ni la richesse, mais une nature aimante et douce, où ton âme puisse se désaltérer, comme à une source de pureté et de tendresse!

KEPPLER.

Eh! bien, regarde le dernier médaillon que je t'ai montré, celui que je tenais caché dans ma poitrine. C'est le portrait de la jeune fille dont mon cœur a fait choix.

Il lui donne un médaillon.

SUZANNE, prenant le médaillon.

Je n'ose l'ouvrir... (Elle ouvre le médaillon, et pousse un cri, en portant la main à son cœur.) Mon portrait!... C'est moi que tu aimes... Tu me préfères à toutes ces belles demoiselles de la Cour!... Ah! Jean! comment te prouver ma reconnaissance?... Aimée, je suis aimée de lui, de lui, que j'aimais sans oser me l'avouer à moi-même! N'est-ce pas trop de bonheur?

KEPPLER, avec tendresse.

Chère Suzanne, tu as reçu l'aveu de mon cœur... Je vais annoncer ma résolution à ma mère, et te présenter à elle, comme ma fiancée!

SCÈNE III

KEPPLER, SUZANNE, CATHERINE.

KEPPLER, à Catherine.

Venez, ma mère, et soyez la première à apprendre la bonne nouvelle. Cette chère Suzanne, que vous avez élevée près de moi, avec tant de dévouement et de tendresse, elle sera ma femme... Puis-je espérer que vous approuvez mon choix.

CATHERINE.

C'est avec bonheur, mon fils, que je le ratifie.

SUZANNE, se jetant dans les bras de Catherine.

Laissez-moi vous embrasser, et vous dire que j'emploierai ma vie à reconnaître toutes vos bontés.

KEPPLER.

Je ne vous ai pas encore tout dit. J'ai reçu, ce matin, l'ordre de me préparer pour une visite de l'Empereur. Dans quelques instants, Rodolphe II sera ici. Il vient honorer de sa présence cet Observatoire, théâtre de mes travaux. Je compte profiter de cette visite solennelle pour prier l'Empereur de signer notre contrat de mariage. C'est pour cela que j'ai cru ne pas devoir différer plus longtemps l'annonce que j'avais à faire à Suzanne, ainsi qu'à vous, ma mère, du choix qu'avait fait mon cœur.

CATHERINE.

Que Dieu soit béni, mon fils, pour les bontés qu'il dispense à ses serviteurs.

SCÈNE IV

KEPPLER, SUZANNE, CATHERINE, MŒSTLIN.

MŒSTLIN.

Mon cher Keppler, permettez à votre ancien maître, à votre meilleur ami, de venir vous féliciter de l'honneur que vous allez recevoir. En ce moment, l'Empereur quitte son palais, avec toute la cour, pour rendre visite à cet Observatoire, et l'on assure qu'il vient désigner publiquement le successeur de Tycho-Brahé. Nul doute que nous n'ayons tout à l'heure, mon cher élève, à vous adresser nos cordiales félicitations... Mais voilà déjà le cortège impérial.

SCÈNE V

KEPPLER, CATHERINE, SUZANNE, MŒSTLIN, ZÉNO, FRITZ, ALDRICH, L'EMPEREUR RODOLPHE, DAMES, SEIGNEURS et PAGES.

UN PAGE, annonçant.

L'Empereur, Messieurs!

RODOLPHE, entrant, à Keppler.

Je vous félicite, mon cher Keppler, votre fiancée est charmante, et selon le désir que vous m'en avez exprimé, ce matin, je signerai avec joie le contrat qui doit assurer votre bonheur... Mais ce n'est pas uniquement pour vous complimenter sur votre prochain mariage que je me suis transporté ici, avec la Cour. Je viens faire connaître le successeur que j'entends donner à l'illustre Tycho-Brahé ; je viens remettre entre les mains du plus digne (Il regarde Keppler.) la direction de cet Observatoire, avec le titre d'astronome impérial...

KEPPLER, s'inclinant.

Que de bontés, Sire!...

RODOLPHE

Cependant, avant de rien dire, je tiens, mon cher Keppler, à vider avec toi une petite querelle d'amitié. Ce matin, le duc de Wallenstein s'est plaint à moi, avec une certaine amertume. Il paraît que tu as refusé de tirer son horoscope. Wallenstein est le premier général de l'Allemagne. Il m'honore en se disant mon lieutenant et mon vassal, car il est presque aussi puissant que moi. Il commande à une armée plus nombreuse que la mienne, qu'il recrute et qu'il paye, et dans toute l'Europe, il n'est pas d'homme de guerre qui aspire à se mettre à sa solde. Il est donc bien plus mon allié et mon ami, que mon vassal. Nous allons entrer ensemble en Hongrie, pour attaquer le prince de Transylvanie, Sigismond Bathori, qui, depuis longtemps, a comblé la mesure de ses offenses envers moi. Avant de lancer nos troupes en Transylvanie, le duc de Wallenstein voulait demander au ciel ce que la destinée réserve à nos armes. Est-il vrai, ami Keppler, que tu aies, malgré ses vives instances, refusé de contenter mon fidèle compagnon d'armes ?

KEPPLER.

Cela est vrai, Sire.

RODOLPHE.

Tu ignorais alors que Wallenstein était porteur d'un ordre exprès de moi, t'enjoignant de tirer cet horoscope ?

KEPPLER.

Pardonnez-moi, Sire, j'avais reçu cet ordre des mains du capitaine Baldus.

RODOLPHE.

Cet ordre signé de moi ?

KEPPLER.

Signé de vous, Sire.

RODOLPHE.

Et voilà comment tu en as tenu compte ? En vérité, cela est nouveau ! Mais alors, si je te donnais moi-même l'ordre de tirer mon horoscope, tu refuserais à l'Empereur, comme tu as refusé au lieutenant-général de l'armée, le duc de Wallenstein ?

KEPPLER.

Que votre Majesté daigne m'écouter avec indulgence... Pendant longtemps, j'ai cru, comme tout le monde, à l'influence des astres sur les destinées humaines... Mais le livre de Kopernik a dessillé mes yeux. En méditant et en développant les lois astronomiques que ce grand homme a trouvées, j'ai compris que l'ordonnance de l'univers est immuable, et que ce serait folie de prétendre que les innombrables astres qui le composent, aient la moindre influence sur les destinées des hommes. La Terre que nous habitons n'est qu'un atome dans l'univers. qu'un grain de sable perdu dans l'infini des cieux.

RODOLPHE.

Je sais que tu as embrassé la doctrine de Kopernik sur le mouvement de la terre, et je ne saurais t'en faire un crime. Ce n'est qu'une imprudence de ta part, une imprudence grave, car cette doctrine est contraire aux dogmes de l'Église chrétienne, et plusieurs philosophes, Jordano Bruno, Vanini, Savonarole, Cecco d'Ascoli, sont montés sur le bûcher, pour l'avoir professée. (Mouvement de Keppler.) Leur sort ne t'effraie pas, je le sais, et j'aime ce chevaleresque courage. Il est l'expression de ton âme, fière, sincère et noble. Mais si je passe condamnation sur ce point, je serai intraitable quant à l'astrologie, que tu menaces de renier. Je n'ai pas à m'inquiéter, moi, de la marche, ni du nombre des astres du ciel. Tout ce que je veux savoir, c'est l'influence qu'ils exercent sur nos destinées, et les avertissements qu'ils nous donnent. (Avec chaleur.) Et nier cette influence, Keppler, se serait nier la lumière; ce serait fouler aux pieds toutes les croyances de l'Église.

ZÉNO, s'avançant.

Douteriez-vous, seigneur Keppler, des rapports secrets qui relient les astres du ciel aux métaux de la terre ?

KEPPLER, ironique.

J'en doute fort, seigneur Zéno.

ZÉNO.

N'est-il pas vrai que le soleil sympathise avec l'or, Vénus avec l'étain, Mars avec le fer, Jupiter avec le cuivre et Saturne avec le plomb ? Les éclipses de soleil n'annoncent-elles pas les calamités publiques, les pluies d'étoiles des évènements heureux, et n'est-il pas vrai qu'une destinée funeste attende l'homme qui naît un vendredi, sous le signe de Scorpion, pendant la conjonction de Mercure et de Mars ?

KEPPLER.

Je ne crois à aucune de ces choses.

ZÉNO.

Et vous vous dites astrologue ?

KEPPLER.

Non, mais astronome.

RODOLPHE.

Une dernière fois, Keppler, je fais appel à votre bon sens. Il est impossible que vous persistiez à nier l'influence des astres sur les actions des hommes. Ce serait braver nos principes, notre personne et notre foi !

KEPPLER.

Que votre Majesté daigne m'accorder quelques instants, pour lui soumettre l'argument que j'ai préparé à l'appui de mes idées... Cet argument, c'est le spectacle de l'univers. Permettez-moi, Sire, de mettre sous vos yeux le tableau du monde astronomique. J'ai fait construire un grand planétaire, qui va vous montrer, par son aspect et ses mouvements, le véritable système du monde, tel qu'il nous a été révélé par le génie de Kopernik.

Sur un signe de Keppler, Fritz relève la tenture du fond, qui découvre un tableau, occupant tout le fond du théâtre, et représentant le ciel. Au milieu est le soleil. Autour du soleil tournent six planètes, de différentes grandeurs, dont l'une, la Terre, a un satellite, la Lune, qui tourne autour d'elle.

QUATRIÈME TABLEAU

Le Planétaire de Keppler.

MÊMES PERSONNAGES

KEPPLER.

Sire, vous avez sous les yeux, le tableau fidèle de l'univers. Au milieu est le soleil, immobile et fixe. Autour du soleil gravitent les planètes Mercure, Vénus, Mars, la Terre, Saturne et Jupiter. La Terre est pourvue de son satellite, la Lune, qui tourne autour d'elle.

RODOLPHE.

Comment! dans votre système, le soleil est immobile!

KEPPLER.

Oui, Sire, le soleil est fixe. La Terre tourne autour du Soleil, et d'autres corps célestes, les planètes, tournent autour du Soleil, en même temps que la Terre... A l'heure présente, Sire, nous ne connaissons que six planètes : Mercure, Vénus, Mars, la Terre, Saturne et Jupiter; mais tout me fait supposer qu'il en est d'autres, qu'on découvrira un jour.

ZÉNO, haussant les épaules.

Un pareil système est absurde, ridicule, impossible!

KEPPLER.

Pourquoi donc, seigneur Zéno ?

ZÉNO.

Mais, parce que, si la terre tournait, nous aurions la moitié du temps, la tête en bas et les pieds en l'air!

KEPPLER.

Dans l'espace, seigneur Zéno, il y a ni haut n bas.

RODOLPHE.

Oui, mais par quel prodige resterions-nous fixés sur la terre?

KEPPLER.

La Terre exerce une certaine influence sur tous les objets placés à sa surface. Lancez un caillou en l'air, il reviendra toujours retomber sur la Terre. La force mystérieuse qui attire et retient les corps sur notre globe, est encore environnée pour moi, de ténèbres, mais un temps viendra où cette cause sera dévoilée.

RODOLPHE.

Que répondez-vous, Zéno?

ZÉNO, haussant les épaules.

Que c'est une plaisanterie!...Si la Terre s'amusait à faire cette promenade autour du Soleil, il arriverait, à certains moments, que la Lune se trouverait entre le Soleil et la Terre, et alors, en dépit de toutes les lunettes du seigneur Keppler, on n'y verrait plus goutte.

KEPPLER.

C'est parfaitement vrai, seigneur Zéno, et cet instant de la révolution de la Terre qui fait que la Lune nous cache le Soleil, s'appelle une éclipse... Il y aura justement demain une éclipse de Lune, Sire. Elle commencera à neuf heures vingt minutes, et finira à dix heures trente secondes.

RODOLPHE.

Comment, vous pouvez prédire, à une minute près, ce qui se passera demain?

KEPPLER, souriant.

Prédire n'est pas le mot, Sire. Je sais seulement calculer avec précision le point du ciel où doivent se trouver les astres, à un jour donné.

ZÉNO.

Eh bien, moi, sans chiffres ni calculs, je sais très bien dire, la veille, le temps qu'il fera le lendemain. Pour cela, je n'ai qu'à regarder la couleur de mes ongles. (Il regarde ses ongles.) Ils sont jaunes... (A Rodolphe.) Sire, il pleuvra demain. (Il se frotte les mains.) (A part.) On ne pourra pas voir l'éclipse.

KEPPLER, à Rodolphe.

Ce planétaire ne montre qu'un bien petit coin du ciel ; mais, phénomène merveilleux, chaque étoile que nous voyons scintiller, est un Soleil qui éclaire des planètes semblables à celle que nous habitons...

Telles sont les lois astronomiques, Sire. Elles nous révèlent l'immensité des cieux, la multiplicité des astres, l'ordre immuable de la nature... Elles nous apprennent enfin que la Terre, que l'orgueil humain se plaît à regarder comme le centre du monde, n'est qu'un grain de sable jeté dans l'espace et dans l'éternité.

Fritz referme la tenture du fond.

RODOLPHE.

Et l'astrologie, que devient-elle, dans votre système ?

KEPPLER.

L'astrologie n'est qu'une fausse science, qui égare et rabaisse l'esprit humain. Elle appartient à un passé qui s'écroule. L'astronomie, au contraire, repose sur la vérité, et nous ouvre le vaste champ de l'avenir.

RODOLPHE.

Tu ne pouvais, mon cher Keppler, me causer de chagrin plus vif que de rejeter l'astrologie, qui a occupé ma vie entière. Dis-moi donc que j'ai mal entendu ; dis-moi que tu ne veux pas rompre avec les principes qui sont les miens... Et pour me le prouver, tu vas, devant tous, tirer ici mon horoscope. Au moment d'entrer en campagne, j'ai besoin de connaître les avertissements du destin. Tes instruments sont là. Justement, l'astre qui a présidé à ma naissance, l'étoile du Lion, brille au ciel, du côté de l'Orient, et la Lune est en conjonction avec la Terre. Ainsi, tout est favorable au travail d'un horoscope, et il te suffira, pour le tracer, de consulter un moment les lignes de ma main... Approche, voici ma main...

Il présente sa main à Keppler.

KEPPLER.

Sire, c'est avec reconnaissance et respect que je prends votre main souveraine, non pour y chercher une prédiction impossible, mais y placer le livre qui doit éclairer votre esprit. (Il prend sur la table un livre, et le lui place dans la main.) Ce livre, commencé il y a vingt ans, par Tycho-Brahé, et terminé par moi, d'après les observations de ce grand homme, renferme les résultats de trente années d'études célestes. Il contient l'exposé des lois qui régissent la marche de tous les astres du firmament. Pour attacher éternellement à mes travaux votre nom glorieux, j'ai intitulé ce livre *Les tables Rodolphines*. Acceptez-le, Sire, en souvenir de l'heure mémorable où un grand Empereur sera devenu plus grand encore en pardonnant à l'astronome qui, le premier, eut le courage de rompre publiquement avec l'astrologie.

RODOLPHE, jetant le livre à terre.

Je ne veux pas de ce livre !

KEPPLER, ramassant le livre.

Je te relève, livre méprisé ! Un prince te rejette, un jour les peuples t'admireront. « Qu'on te lise aujourd'hui ou dans les siècles à venir, que m'importe ! Tu peux attendre ! Dieu a bien attendu six mille ans, qu'il vînt un homme capable de comprendre et d'expliquer sa création » (1) !

RODOLPHE, à Keppler.

J'étais venu ici, avec la résolution bien arrêtée de

1. Les lignes placées ici entre guillemet, terminent le livre de Keppler, *Harmonices mundi*. Beaucoup d'écrivains scientifiques les citent avec admiration.

t'accorder le titre d'astronome de la Cour ; mais en présence de tes déclarations et de l'offense publique que tu fais à mes croyances, je ne puis que renoncer à ce projet... Et quant à ton mariage, au lieu de signer ce contrat, je le déchire.

Il prend sur la table le parchemin du contrat, et le déchire.

SUZANNE.

Ah!

Elle tombe, évanouie, dans les bras de Mœstlin.

RODOLPHE, **aux seigneurs.**

Secourez cette jeune fille, Messieurs!

ZÉNO, **s'avançant.**

Vous allez reconnaître, Sire, à quel point vous avez été bien inspiré en retirant votre faveur à Keppler. Savez-vous qui est cette jeune fille, que Keppler allait épouser?... C'est la fille d'une sorcière. C'est la fille de Rachel, qui fut brûlée à Weil, le 13 juin 1580. Rachel laissa un enfant, et cet enfant, que Catherine Keppler osa recueillir et élever, n'est autre que Suzanne. Vous alliez donc, tout-à-l'heure, apposer votre main souveraine au bas du contrat de mariage de la fille d'une sorcière!

RODOLPHE.

Est-il possible?

ZÉNO.

Et quant à Catherine, apprenez que la sorcière Rachel était sa tante!... Ainsi, toute cette famille est un nid de sorcières! **(Avec dégoût).** Pouah!

RODOLPHE.

La preuve, Zéno, la preuve que la fiancée de Keppler est la fille d'une sorcière?

CATHERINE, s'avançant.

Les preuves sont superflues, Sire. Zéno a dit vrai. Oui, Rachel, qui périt sur le bûcher, était ma tante, et Suzanne est sa fille... Maintenant, Sire, veuillez m'écouter. Tout à l'heure, mon fils a refusé de prendre votre main, pour tirer votre horoscope. Voulez-vous me permettre de le remplacer? Je ne suis qu'une pauvre femme ignorante, mais Dieu m'inspirera, et fera monter la vérité de mon cœur à mes lèvres.

RODOLPHE.

Puisque tu t'offres pour remplacer ton fils, dans les fonctions qu'il répudie, j'accepte... Voici ma main.

Il lui présente sa main.

CATHERINE, prenant la main de Rodolphe.

Je prendrai votre main, Empereur Rodolphe, non pour y lire ce que Dieu n'y a point écrit, mais pour la serrer respectueusement dans les miennes !... Main puissante, ô toi qui commandes à des millions d'hommes, toi qui peux répandre la charité et la clémence, sois digne de porter le sceptre d'un empire !

RODOLPHE.

Eh! bien, femme, quelle destinée lis-tu dans ma main ?

CATHERINE.

Je n'ai pas besoin, de votre main, Sire; je n'ai besoin que des lumières de ma raison, pour tirer votre horoscope. Et le voici : Empereur Rodolphe, si vous persistez à vous perdre dans les ténèbres de l'astrologie et de la cabale, qui ont occupé votre vie presque toute entière ; si vous continuez à faire de la Cour de Prague le rendez-vous de tous les faux devins, sorciers, alchimistes et souffleurs, qui parcourent l'Europe, et viennent s'abattre ici, comme des corbeaux sur leur proie ; si vous continuez de négliger les intérêts de l'État, pour les vaines préoccupations de l'astrologie et de la magie, vos armées seront bientôt anéanties ou dispersées ; l'abondance et la prospérité seront bannies de l'Allemagne, et un jour viendra où, vaincu et dépossédé de votre dignité souveraine, vous mourrez, triste et solitaire, sans amis, et sans postérité, comme meurent les rois maudits !...

RODOLPHE, portant la main à son épée.

Malheureuse, qui oses me braver ainsi !... Qu'on arrête à l'instant cette femme !... (Retenant, du geste, les gardes, prêts à s'avancer.) (A part.) Cependant, si le ciel parlait vraiment par sa bouche ? Si Dieu l'inspirait, et non le démon ? Patience... Nous allons voir. (A Catherine.) Tu as porté sur moi une prédiction si franche et si hardie, que je ne serais pas fâché de voir essayer ton pouvoir sur quelques personnes de la Cour. (A Zéno) Approche, Zéno, et donne ta main à cette femme. Ce sera un spectacle curieux que cette nouvelle inspirée lisant dans ta main d'astrologue.

Zéno s'avance, à regret, et tend sa main, de mauvaise grâce, à Catherine.

CATHERINE.

Je n'ai que faire de ta main, car elle est fausse et menteuse, comme toi. Je ne suis pas nécromancienne, moi. Je ne sais lire, ni dans les grimoires, ni dans les astres, et j'ignore jusqu'au nom des pratiques mystérieuses auxquelles tu te livres dans le silence des nuits. Mais crois-tu qu'il faille être astrologue pour lire dans l'âme humaine ? Non, je n'ai pas besoin d'astrologie pour te dire que ta langue est un dard venimeux, que ton âme est enfiélée par la jalousie, et que tu n'as qu'un but : rabaisser autrui, pour t'élever toi-même ?... (Se retournant vers Aldrich.) Et toi Aldrich, sur ton visage cruel, ne peut-on pas lire que tu tomberas un jour, au dernier degré de l'échelle du crime ?

ALDRICH, levant les épaules.

Elle est folle !

CATHERINE, à un seigneur.

Baron de Tréniz, il n'est besoin d'aucun secours céleste pour vous dire qu'il est superflu de faire bouillir plus longtemps, sur un trépied d'amianthe, du vif argent, mêlé au sang d'un agneau, égorgé par vos mains. Vous ne trouverez jamais la pierre philosophale, que vous cherchez depuis quarante ans, et qui vous a coûté tous vos biens. (A une dame) Hélas, ma pauvre demoiselle, il est inutile de vous couvrir de dentelles ou de bijoux, et de farder votre teint. Vous ne trouverez jamais de mari. Si vous ne me croyez pas, consultez votre miroir, c'est l'astrologue des femmes... Qui veut entendre, non de vaines prédictions, mais les avis de la sagesse et du bon sens ? (A une autre dame.) Est-ce vous, Madame, qui portez à votre corsage des rubans, qui ne sont pas de la couleur de ceux de votre époux ? (A un jeune homme.) Est-ce vous, mon beau Muguet, qui préférez le jeu à l'amour, le jeu qui vous a déjà conduit à la ruine, et qui vous mènera bientôt au déshonneur! (A un vieillard.) Est-ce toi, vieil avare, qui, après avoir conservé sous clef, pendant toute ta vie, d'inutiles trésors, les verras, à l'heure de ton agonie, disputés par des héritiers cupides ?

Tout le monde s'écarte de Catherine, avec effroi.

RODOLPHE.

Les prédictions sinistres de cette femme ont semé ici l'étonnement et l'effroi. (Aux gardes.) Gardes, arrêtez-la, et qu'on la conduise aux prisons de la ville. Elle attendra, sous les verroux, que j'aie prononcé sur son sort.

Deux gardes s'approchent de Catherine, pour l'arrêter.

KEPPLER, à Catherine.

Ah ! ma mère, qu'avez-vous fait?

CATHERINE.

Je t'ai sauvé, en détournant sur moi la colère de l'Empereur... Maintenant pars, abandonne-moi à mon sort. Il faut que sur moi seule retombe la vengeance de nos ennemis.

KEPPLER.

Non, je n'accepte pas ce noble sacrifice!... Non, je ne vous laisserai pas vous exposer à la captivité, à la mort peut-être.

CATHERINE.

Ne me plains pas ; je suis trop heureuse d'avoir écarté le coup qui te menaçait.

ALDRICH, à Catherine.

Allons, servante du diable, en route pour le cachot !

CATHERINE, entraînée par Aldrich, et s'arrêtant sur le seuil de la porte.

Adieu, adieu, mon fils !

KEPPLER, s'approchant de Catherine.

Ma mère, je vous sauverai !

Rideau

ACTE IV.

CINQUIÈME TABLEAU

La guerre et l'astronomie.

Le camp des Impériaux. — A gauche, une tente. — Au fond, à droite, un fort à créneaux, et au loin, une ville.

SCÈNE PREMIÈRE

RODOLPHE, LE GÉNÉRAL WALLENSTEIN.

Au lever du rideau, l'Empereur Rodolphe et le duc de Wallenstein sont assis devant la tente, à une table, couverte de papiers. Un officier est debout, près de la table.

RODOLPHE.

Ainsi, général, les rapports de vos officiers sont précis, unanimes, et il en résulte que la ville d'Hermanstadt est imprenable.

WALLENSTEIN.

Imprenable, par suite de l'existence du fort élevé par l'ennemi au dessus de la rivière, et qui défend la ville contre toute attaque.

RODOLPHE.

Et ce fort est armé, dites-vous, de manière à repousser tout assaut, à déjouer toute entreprise de force ou de ruse?

WALLENSTEIN.

Il est entouré de fossés énormes, et pourvu d'une double ceinture de canons et bombardes, avec des fusils de rempart à chaque embrâsure, ou plutôt à chaque pierre, et dix hommes près de chaque fusil.

RODOLPHE.

Et la garnison?

WALLENSTEIN.

Nombreuse et résolue.

RODOLPHE.

Il nous faut donc renoncer à toute autre tentative avant d'avoir reçu les renforts que j'ai demandés à Prague.

WALLENSTEIN.

Oui, mais nous sommes exposés, en attendant ces renforts, à être attaqués ici. Hermanstadt renferme les meilleures troupes de Sigismond Bathori, le prince souverain de Transylvanie, à qui vous faites la guerre. Êtes-vous fixé sur la force, le nombre et la situation morale des assiégés?

RODOLPHE.

Non, mais nous pouvons le savoir. Il y a, parmi les prisonniers faits dans le dernier engagement, un soldat, qu'il suffirait d'interroger.

WALLENSTEIN.

Faites-le donc venir au plus tôt, car le temps presse.

RODOLPHE, à l'officier qui attend, debout.

Capitaine Baldus, vous trouverez, à vingt pas d'ici un homme garrotté, gardé par six hallebardiers d'Augsbourg. Vous nous le conduirez. (L'officier s'incline et sort.) Ce soldat n'appartient pas aux troupes du prince de Bathori. C'est un mercenaire étranger. Il ne sera pas sans doute difficile d'obtenir de lui les renseignements qui nous manquent sur la situation et les forces de l'armée du prince de Transylvanie.

SCÈNE II

RODOLPHE, LE DUC DE WALLENSTEIN, HENRI KEPPLER, les mains liées derrière le dos, conduit entre six hallebardiers, précédés de l'officier.

WALLENSTEIN, aux hallebardiers.

Détachez les liens de ce prisonnier. (Les hallebardiers délient les cordes qui attachaient les mains d'Henri Keppler.) (A Henri Keppler.) Nous t'avons pris les armes à la main. Tu venais de tuer deux de nos hommes et de blesser un cavalier de mon escorte. Tu seras pendu tout à l'heure.

HENRI KEPPLER, faisant un mouvement, comme pour sortir.

C'est bien !

RODOLPHE.

Un instant! Tu peux sauver ta vie. Il te suffirait, pour obtenir ta grâce, de nous renseigner fidèlement sur le nombre des combattants renfermés dans Hermanstadt, aussi bien que dans le fort, et sur leurs ressources en vivres, munitions et armement... Parle, tu iras ensuite où il te plaira.

HENRI KEPPLER.

Monseigneur, je suis à la solde du prince souverain de Transylvanie: il paie mes services, et ma vie lui appartient. Le sort des armes m'a été contraire, c'est un malheur pour moi ; mais je suis un soldat et non un espion. Je ne rachèterai pas ma vie par une lâcheté. Vous pouvez commander mon exécution, car je suis prêt à mourir.

RODOLPHE.

Voilà de belles et courageuses paroles. Le prince Sigismond Bathori est heureux d'avoir de simples mercenaires, des soldats d'aventure, aussi dévoués que toi... Comment te nommes-tu?

HENRI KEPPLER.

Je m'appelle le prisonnier, et on m'appellera bientôt le cadavre!

RODOLPHE.

De mieux en mieux!... Où es-tu né, mon brave?... C'est une question à laquelle tu peux répondre, sans compromettre, il me semble, ta fidélité à celui que tu sers?

HENRI KEPPLER.

Puisque vous tenez à le savoir, je suis né à Weil, en Souabe.

RODOLPHE.

A Weil, en Souabe ? C'est le pays de mon astrologue, et il suit précisément la campagne. (A l'officier.) Capitaine Baldus, voulez-vous aller prier l'astrologue de la Cour, qui est dans la tente voisine de la mienne, de se rendre tout de suite près de moi, pour parler à un prisonnier. (L'officier s'incline et sort.) (A Wallenstein, bas.) Keppler saura gagner la confiance de cet homme, et en tirera les renseignements qu'il nous faut.

HENRI KEPPLER.

Je vous ai déclaré, Sire, je vous ai déclaré, Monseigneur, que rien ne me contraindra à parler. Il est donc bien inutile de chercher à vaincre ma résistance. Vous aurez plutôt fait de m'envoyer tout de suite à la mort.

SCÈNE III

LES MÊMES, KEPPLER, entrant avec L'OFFICIER.

KEPPLER, à Wallenstein.

Le capitaine vient de m'expliquer votre désir, Monseigneur. Où est ce prisonnier, ce compatriote, que je dois interroger? (Apercevant Henri Keppler.) C'est cet homme, sans doute?

WALLENSTEIN.

Oui; essayez d'obtenir de cet entêté qu'il desserre les dents.

KEPPLER, à **Henri Keppler.**

Approche, mon ami, et puisque nous sommes nés sur la même terre, j'espère que tû laisseras amollir ton cœur et adoucir ta fierté, en serrant la main d'un compatriote.

Il lui tend la main. Henri Keppler le reconnait.

HENRI KEPPLER.

Mon fils !

KEPPLER, **le reconnaissant.**

Mon père !

HENRI KEPPLER.

Il paraît que nous appartenons à deux camps ennemis.

KEPPLER.

Hélas ! c'est ce qui n'arrive que trop souvent dans notre malheureuse Allemagne, où tant d'hommes qui s'entretuent, parlent la même langue.

HENRI KEPPLER.

J'avais appris, par le bruit public, tes succès à la Cour de Prague ; mais je ne te savais pas en faveur au point de vivre dans l'intimité de l'Empereur.

KEPPLER.

Oui, mon père, le travail et la Providence ont amélioré mon sort... Mais il ne s'agit pas de moi, en ce moment. Vous êtes entre les mains de vos ennemis, et vous allez périr. Cependant, il vous suffirait de quelques paroles pour sauver votre vie, et peut-être pour terminer la guerre inutile et fatale que nous poursuivons ici. Ces paroles, j'en suis sûr, mon père, vous les prononcerez. Vous ne persisterez pas dans votre résolution, qui est noble assurément, mais qui va à l'encontre des intérêts de votre patrie, et de ceux de votre fils. Vous répondrez au désir de l'Empereur, qui reconnaîtra largement le service que vous lui aurez rendu.

HENRI KEPPLER, **après un moment d'hésitation.**

Eh! bien, oui, je parlerai. Mais c'est pour toi seul que je me décide, pour toi, mon fils, qui serais enveloppé dans le désastre qui vous attend. (**Mouvement de Keppler.**) Car votre situation, sache-le est terrible. La défaite et la mort vous menacent tous, Va donc dire à ton maître que je suis prêt à lui fournir les renseignements qui lui sont nécessaires... Et tu peux ajouter que jamais avertissement ne sera venu mieux à point pour sauver une armée.

Keppler va à l'Empereur, et lui parle à voix basse.

RODOLPHE, **s'approchant d'Henri Keppler.**

Eh! bien, te voilà donc devenu raisonnable? Tu n'auras pas à t'en repentir... Je t'écoute.

HENRI KEPPLER.

Sire, vos espions et vos éclaireurs vous ont bien mal servi. Ils ne vous ont pas appris que le frère du prince souverain de Transylvanie, le comte Étienne Bottkay, s'avance au secours d'Hermanstadt, avec trois mille lances, douze compagnies de reîtres ou d'archers, vingt bombardes et un convoi de munitions et de vivres pour la ville assiégée

Vous allez être placé entre l'artillerie du fort et l'armée de secours, qui arrive à marches forcées. Avant trois jours, vous serez pris entre ces deux feux. Profitez de l'avis, s'il en est temps encore.

RODOLPHE.

Nous allons tenir conseil au plus vite, avec mes officiers ; mais avant, je dois m'acquitter envers toi. Je t'ai promis la liberté : tu es libre. L'officier de ma suite qui nous sert de parlementaire, te conduira au pied du fort, ou aux portes de la ville, à ton choix.

HENRI KEPPLER.

J'aimerais mieux, Sire, si vous voulez bien de moi, entrer, comme soldat régulier, dans vos troupes.

RODOLPHE.

Qu'il soit fait selon ton dé ir. (A l'officier.) Capitaine Baldus, conduisez cet homme au quartier-général, et faites son enrôlement.

L'officier et Henri Keppler sortent.

SCÈNE IV

RODOLPHE, le duc de WALLENSTEIN, KEPPLER.

RODOLPHE.

Ce que j'avais prévu, ce que je redoutais, se réalise. Nous voilà placés entre l'artillerie du fort et l'armée de secours. Et aucun moyen de faire face à ce double danger !

WALLENSTEIN.

Il y a un moyen : c'est de prendre le fort. Le fort une fois dans nos mains, la ville se rend. Nous nous y établissons, et l'armée du comte Étienne Bottkay est forcée de battre en retraite, car elle aurait devant elle le fort et la ville.

RODOLPHE.

C'est très simple ; seulement, le fort est imprenable. Vous l'avez déclaré vous-même, tout à l'heure.

WALLENSTEIN.

Mille millions de bombardes ! qui nous tirera de là ?

KEPPLER, s'avançant.

Moi !

WALLENSTEIN.

Vous ? Mais comment ?... Sans doute, en consultant les astres ?

KEPPLER.

Oui, c'est le ciel qui va me donner le moyen de sauver notre armée.

RODOLPHE.

A la bonne heure, ami ! Te voilà revenu aux vraies doctrines. Cette astrologie, que tu as tant dédaignée, tu la reconnais enfin, comme bonne et utile.

KEPPLER.

Qu'il s'agisse d'astrologie ou d'astronomie, peu importe, Sire. L'essentiel, c'est que je peux, grâce à ma connaissance des astres, vous donner la victoire.

Voulez-vous faire exécuter docilement, aveuglément, ce que je vais vous demander?

RODOLPHE.

Oui, mais explique-toi!

KEPPLER.

Eh bien, aujourd'hui, à l'heure précise que je vous signalerai, à l'heure précise, entendez-vous, vous donnerez l'assaut au fort, et vous tiendrez l'armée prête à pénétrer dans la ville, après la prise du fort.

RODOLPHE.

Mais le fort est imprenable ! Je ne vois pas, dès lors...

KEPPLER.

Je le répète, Sire. Voulez-vous exécuter docilement, aveuglément, ce que je vous demande?... Je réponds du succès.

WALLENSTEIN.

Nous avons toute confiance dans votre science astrologique, mais pour exécuter le plan que vous proposez, et qui est, sans doute, quelque ruse de guerre, quelque stratagème d'assiégeant, il faut le bien connaître... Veuillez donc vous expliquer clairement... Et d'abord, à quel moment, à quelle heure voulez-vous que nous donnions l'assaut?

KEPPLER.

A midi cinq minutes.

WALLENSTEIN.

A midi cinq minutes?

KEPPLER.

A midi cinq minutes, pas une minute plus tôt pas une minute plus tard.

RODOLPHE.

Et tu dis qu'en l'attaquant à midi cinq minutes, pas une minute plus tôt, pas une minute plus tard, nous nous emparerons du fort ?

KEPPLER.

Vous vous emparerez du fort, ensuite de la ville

RODOLPHE, à Wallenstein, en l'attirant. A part.

Que dites-vous de cela, Wallenstein ? Notre astrologue n'est-il pas un peu fou ?

WALLENSTEIN.

Je n'en sais rien ; mais je sais que notre situation est désespérée ; que nous sommes à la merci de l'ennemi, et que notre armée va périr.

RODOLPHE.

A moins que je me décide à lever le siége, et à ramener l'armée en Bohême.

WALLENSTEIN, avec feu.

Sans doute, mais c'est ce que vous ne ferez pas ! car battre en retraite ce serait perdre notre honneur militaire... Le moyen que propose votre astrologue n'a rien d'inusité. Donner un nouvel assaut, ce n'est pas difficile. Nous en avons tenté plusieurs. Il peut échouer, comme tous les autres, mais enfin, il peut réussir. Keppler parle avec tant d'assurance que, malgré moi, je me sens entraîné.

RODOLPHE.

J'estime pourtant, que nous ne pouvons nous jeter dans cette aventure, sans bien savoir sur quelle base elle repose. Il faut donc que Keppler s'explique. Sans cela, je refuse d'en entendre davantage... Est-ce votre avis ?

WALLENSTEIN.

Parfaitement, Sire.

RODOLPHE, revenant à Keppler.

Le Général et moi, sommes d'avis de ne rien entreprendre, à moins de bien connaître ton plan. Si donc tu ne t'expliques pas catégoriquement...

KEPPLER.

Vous avez raison, Sire, vous avez raison, M. le Duc. Venez donc ; vous allez tout savoir.

Ils rentrent dans la tente, et en referment sur eux les rideaux.

SCÈNE V

ALDRICH, FRITZ. Ils entrent ensemble par la droite. Aldrich est revêtu d'une cuirasse, d'un grand casque, d'une rapière, et il tient à la main une arquebuse.

FRITZ.

C'est ici que mon maître m'a ordonné de l'attendre.

ALDRICH.

Et c'est ici que le seigneur Zéno m'a donné rendez-vous. Donc, halte !

Il pose à terre son arquebuse, en faisant résonner la crosse sur le parquet.

FRITZ.

Mais je n'avais pas remarqué ton attirail guerrier... Pourquoi donc ce casque... et cette cuirasse... et cette rapière... et cette arquebuse ? Je te croyais un poltron fieffé.

ALDRICH, se récriant.

Ah !

FRITZ.

Voyons!... Au village, quand nous étions enfants, tu n'osais pas demeurer seul, un moment, dans l'obscurité, sans jeter des cris, ou appeler à ton aide ; et quand tu descendais à la cave, le bruit des souris te faisait évanouir de peur.

ALDRICH.

J'avoue que je ne suis pas le brave des braves. Si donc je suis armé de pied en cap, comme tu le vois, ce n'est pas par humeur guerrière...

FRITZ.

Ah !

ALDRICH.

C'est par prudence, par simple prudence. Quand nous nous aventurons hors du camp, il peut nous arriver d'être attaqués par quelque reître pillard, ou par quelque rôdeur, sorti des bandes mercenaires du prince Bathori. Si l'un de ces rôdeurs me surprend, je tire ma rapière, et je la lui présente... (Il prend la rapière par la lame) de ce côté. (Montrant la poignée de la rapière.) Il pourrait me faire prisonnier, mais ma rapière a pour lui plus de prix que ma personne. Le bandit se contente de ma Durandal, et il me laisse aller! (Fièrement.) Mon épée m'a sauvé la vie!

FRITZ.

Fort bien! mais ta cuirasse?

ALDRICH.

Ma cuirasse?... Il y a dans l'armée Transylvanienne, bien des Juifs, voleurs ou marchands. Si l'un d'eux fait mine de m'attaquer, je me débarrasse de ma cuirasse, de mes brassards, de mes jambières, et je lui jette le tout. Et comme ma cuirasse est agrémentée d'or, que les brassards et les jambières sont enjolivés d'ornements d'acier, mon homme s'en empare, et il détale, avec son butin. (Fièrement.) Ma cuirasse a préservé mes jours.

FRITZ.

Je pense pourtant que lorsque ton arquebuse est chargée, tu sais te défendre.

ALDRICH.

Mon arquebuse est toujours chargée. Si quelque ennemi se dispose à m'attaquer, je fais feu.

FRITZ.

A la bonne heure!

ALDRICH.

Je tire en l'air! La détonation fait accourir les

camarades, le bandit disparaît, et je suis sauvé !

FRITZ.

Ah! je reconnais bien là le brave des braves!

SCÈNE VI

FRITZ, ALDRICH, WALLENSTEIN, un OFFICIER.

Ils sortent de la tente et en relèvent les rideaux.

WALLENSTEIN.

Vous m'avez compris, capitaine, à midi cinq minutes!

L'OFFICIER.

Oui, Monseigneur, à midi cinq minutes.

WALLENSTEIN.

Allez, et de mon côté, je vais prendre mon poste.

L'officier sort par la droite, et Wallenstein par le fond.

FRITZ, pensif.

A midi cinq minutes!

ALDRICH.

Que va-t-il se passer à midi cinq minutes?

FRITZ.

Je l'ignore, mais une agitation extraordinaire règne dans le camp. (On entend le tambour. Il regarde au fond.) Le tambour bat le rappel ; les soldats se rassemblent; les rangs se forment; chacun court à son poste. Il va se passer quelque chose de grave. On dirait que l'on se prépare à un assaut. (Midi sonne à une horloge.) Midi! Et l'on a parlé de quelque chose à midi cinq minutes! Nous allons bien voir.

ALDRICH, s'avançant.

Oui, nous allons bien voir... J'en ai bien peur.

FRITZ.

Décidément, c'est un assaut !

Le tambour bat la charge. Les soldats passent en bataillons au fond du théâtre, qu'ils traversent de gauche à droite. — Bruit de canon, détonations de mousqueterie.

ALDRICH.

Seigneur, mon Dieu, c'est la bataille ! Où fuir ? où me cacher ?...(Autres détonations de mousqueterie et bruit de canon. Tout d'un coup, la lumière disparaît, il fait nuit noire.) Que se passe-t-il donc ? Il est midi un quart et il fait nuit ?

FRITZ.

Voilà qui est étrange!

ALDRICH.

C'est la fin du monde ! Seigneur ayez pitié de nous !

Il s'agenouille.

FRITZ, s'approchant de lui en le secouant.

Voyons ! un peu de courage! Faut-il que je te secoue, pour te donner du cœur ?

ALDRICH, il se relève.

Les ennemis !... Monsieur le soldat, ne me faites pas de mal. Je me rends, je me rends à discrétion...

Tenez, voici ma rapière... (Il lui présente la rapière par la poignée. — Fritz la prend et la jette.) Voici mon casque ! (Même jeu.) Et ma cuirasse avec ! (Même jeu.) Et mon arquebuse aussi !... Elle n'est pas chargée, il n'y a pas de danger... vous pouvez la prendre... Mais épargnez-moi, monsieur le soldat ; faites-moi quartier. Je vous en supplie à genoux.

Il se remet à genoux.

FRITZ.

Relève-toi donc, imbécile ! Ne vois-tu pas que la victoire se décide pour nous. (Aldrich se relève.) Regarde, les défenseurs du fort s'enfuient en désordre. Je vois nos soldats sur les remparts. Ils vont être maîtres du fort... Hourrah ! le fort est pris ! (Le jour reparaît.) Et le jour reparaît, pour saluer les vainqueurs !

SCÈNE VII

RODOLPHE, LE DUC DE WALLENSTEIN, KEPPLER, ZÉNO, FRITZ, ALDRICH, OFFICIERS et SOLDATS.

RODOLPHE.

Oui, la victoire est à nous. Le fort nous appartient. Nous allons tourner ses canons contre la ville, et la ville se rendra. Vienne maintenant l'armée du Comte Étienne Bottkay, nous sommes prêts à la recevoir. Mais elle s'arrêtera devant le succès de nos armes, et la campagne est terminée. La Transylvanie est soumise, et c'est à toi, mon ami Keppler, qu'est dû ce triomphe inespéré.

ZÉNO, s'avançant à Keppler.

Il paraît que le seigneur Keppler a décidé la victoire par le secours de l'astrologie. Qu'il reçoive mes félicitations, pour s'être enfin converti à nos saintes doctrines.

KEPPLER.

Non, seigneur Zéno, ce n'est pas à l'astrologie, mais à l'astronomie, que j'ai eu recours pour sauver notre armée.

ZÉNO.

Je ne comprends pas...

KEPPLER.

Vous allez comprendre. Mes calculs m'avaient appris qu'il y aurait aujourd'hui, à midi un quart une éclipse totale de soleil. Je connaissais l'esprit de superstition des habitants de la Transylvanie, ces vieux Hongrois, imbus de tous les préjugés, adonnés à toutes les croyances du surnaturel et du merveilleux. J'étais donc certain que la disparition subite de la lumière du soleil, en plein midi, troublerait leurs âmes, les remplirait de terreur, et que, surpris, déconcertés par cette étrange invasion de la nuit au milieu du combat, ils s'enfuiraient, pleins d'épouvante, et laisseraient le champ libre à nos troupes d'assaut.

WALLENSTEIN.

En effet, dès que la lumière a disparu, les Hongrois qui défendaient le fort, ont jeté leurs armes, pour fuir plus vite; de sorte que la victoire ne nous a pas coûté un seul homme. (A Rodolphe.) Mais permettez, Sire, que j'aille veiller à l'établissement de nos troupes dans le fort et dans la ville.

RODOLPHE, à Wallenstein.

Allez, monsieur le Duc. (Wallenstein sort. A Keppler.) L'honneur de cette belle journée vous revient tout entier, ami Keppler. Recevez les remerciements de votre Souverain.

KEPPLER.

Eh! bien! Sire! puisque vous daignez reconnaître que je ne vous ai pas été inutile pour terminer cette guerre, voulez-vous me permettre de vous demander la récompense du service rendu?

RODOLPHE.

Parle, ami, et quelle que soit ta demande, je l'accorde d'avance.

KEPPLER.

Sire, il y a un an, par votre ordre, ma mère a été jetée dans la prison de Prague.

RODOLPHE.

Elle avait porté atteinte, en pleine cour, à ma dignité souveraine.

KEPPLER.

Ma mère n'a jamais eu la pensée d'offenser ni votre personne, ni votre autorité; mais ce n'est point pour cela qu'elle est retenue en prison. Notre implacable ennemi (Regardant Zéno.) a profité de sa détention pour forger contre elle la plus dangereuse des accusations, celle de sorcellerie. Le tribunal criminel de Prague instruit en ce moment son procès, et un procès de sorcellerie devant le tribunal de

Prague, c'est pour ma mère la prison perpétuelle, c'est peut-être la mort!...

RODOLPHE.

Eh! bien?

KEPPLER.

Eh! bien! Sire, puisque vous reconnaissez que j'ai été utile à l'honneur de vos armes et à la gloire de notre patrie, je vous demande l'ordre d'arrêter le procès commencé à Prague, et de faire mettre au plutôt ma mère en liberté.

RODOLPHE.

J'ai promis de faire droit à ta demande, quelle qu'elle soit. Je vais donc signer l'acte que tu me demandes. (A un officier.) Qu'on aille chercher le sceau de l'État.

ZÉNO, s'avançant.

Veuillez m'excuser, Sire, mais j'oserai rappeler à votre Majesté ce qu'elle paraît oublier.

RODOLPHE.

Quoi donc, seigneur Zéno!

ZÉNO.

Votre majesté n'ignore pas que les lois de l'Allemagne interdisent à toute autorité, si haute qu'elle soit, d'intervenir auprès d'un tribunal criminel chargé d'instruire ou de poursuivre une accusation de sorcellerie.

RODOLPHE.

Mais mon autorité souveraine?...

ZÉNO.

... S'arrête devant la loi. C'est le tribunal de Prague qui a seul qualité pour prononcer sur l'innocence ou la culpabilité de Catherine. Il faut que la justice ait son cours.

RODOLPHE, pensif.

Zéno a raison. Je ne peux soustraire Catherine Keppler à l'action de ses juges... (A Keppler). Cependant, rassure-toi, bon et tendre fils, la justice établira l'innocence de ta mère. Je puis ordonner que le procès soit jugé, non à Prague, où vous avez trop d'ennemis, mais à Stuttgardt. Les sympathies de tous les habitants du pays vous soutiendront, et vous feront obtenir gain de cause. Je recommanderai, d'ailleurs au tribunal de Stuttgardt, l'indulgence pour la mère, en souvenir du service que le fils a rendu à l'État.

KEPPLER.

Merci, mon prince, merci mille fois. Soyez à jamais béni. Ma mère est sauvée !

ZÉNO, à part.

Pas encore, seigneur Keppler !

ALDRICH, se frottant les mains.

Pas encore !

Rideau

SIXIÈME TABLEAU

Un procès de sorcellerie.

Une salle du tribunal criminel de Stuttgardt, qui est attenante à la prison. — Au fond, une porte, fermée par un rideau. — A droite, une longue table et des siéges pour les juges et derrière la table, une porte. — A gauche, une autre porte fermée par des verroux. — Un sablier sur la table.

SCÈNE PREMIÈRE

ALDRICH, seul (pensif.)

La vieille Catherine avait prédit que l'Empereur Rodolphe mourrait bientôt, et six mois après sa prédiction, l'Empereur Rodolphe était détrôné par son frère Mathias, et ne survivait pas à sa dépossession. Catherine m'avait prédit, à moi, que je tomberais bien bas, et me voilà, en effet, geôlier de la prison de Stuttgardt. Cette femme est vraiment une sorcière!... Du reste, ce sera bientôt décidé, car c'est aujourd'hui qu'a lieu son procès... Si elle n'est pas condamnée, Zéno, mon maître, en mourra de fureur. C'est lui qui m'a donné le poste que j'occupe ici, pour que je puisse surveiller Catherine; et il remue ciel et terre, pour obtenir sa condamnation... Le voici justement. Il vient voir si tout est bien en règle.

SCÈNE II

ALDRICH, ZÉNO.

ZÉNO.

Eh bien! Aldrich, as-tu exécuté mes ordres?... As-tu prêté l'oreille à toutes les paroles échappées Catherine, pour m'en faire bon rapport?

ALDRICH.

Cela aurait été difficile : elle ne desserre pas les dents.

ZÉNO.

As-tu cherché, en la piquant adroitement, à savoir si elle est insensible sur quelque partie du corps, comme sont les sorciers et sorcières?

ALDRICH.

J'ai essayé une fois, de piquer son bras, avec mon poignard; mais, elle m'a détaché un si vigoureux soufflet, en réponse à mon épreuve, que j'en ai conclu qu'elle était parfaitement sensible... De sorte que je n'ai pas eu l'envie de recommencer.

ZÉNO.

C'est bien... Keppler a sollicité une entrevue avec sa mère, avant l'audience, qui aura lieu aujourd'hui, et les juges ont eu la faiblesse de l'accorder. Il viendra donc ici, dans quelques instants. Dès qu'il sera arrivé, tu feras venir, dans cette salle, Catherine, qui, après l'entrevue avec son fils, ira s'asseoir là, sur son banc d'accusée. Tu me réponds de la prisonnière sur ta tête !... Je me retire ; car je ne tiens pas à me trouver en face de mon ancien rival.

ALDRICH.

Tout ce que vous dites sera fait, mon doux seigneur.

Zéno sort par la droite.

SCÈNE III

ALDRICH, KEPPLER, entrant par la gauche.

KEPPLER.

Voici l'ordre, écrit de la main du Président de la chambre criminelle de Stuttgardt, (Il remet un papier à Aldrich.) qui m'autorise à voir ma mère avant l'heure du jugement public, et qui porte que l'entrevue aura lieu ici. Voulez-vous, mon ami, aller chercher ma mère?

ALDRICH.

Dans quelques instants, elle sera ici.

Il sort.

SCÈNE IV

KEPPLER, seul.

Voici donc les tristes lieux où, après deux ans

de séparation, je vais enfin revoir ma pauvre mère. Ah! tous les malheurs m'accablent à la fois!... Catherine en prison, et Suzanne disparue, disparue sans que je puisse savoir si elle est morte ou vivante! Nous avions grandi au même foyer; nos cœurs, à leur éveil, s'étaient donnés l'un à l'autre; nous devions vivre et mourir ensemble. Et j'ignore ce qu'elle est devenue! Je ne sais si je dois l'accuser ou la plaindre, la maudire ou la pleurer. Tout ce que je sais, c'est qu'elle a quitté l'Allemagne, sans doute par la crainte de partager le sort de Catherine. (L'horloge sonne dix coups.) Voilà l'horloge qui m'annonce le moment où je puis revoir ma mère... Tous mes efforts ont été inutiles pour empêcher le terrible procès de sorcellerie, suscité et entretenu par l'implacable Zéno. Et ce procès, on n'en prévoit que trop la fatale issue. Aussi, vaut-il mieux l'éviter!... Grâce au dévouement et au zèle de mes amis, je peux arracher ma mère au péril qu'elle court, je peux la sauver!...

SCÈNE V

KEPPLER, ALDRICH, amenant CATHERINE, entrant par la porte de droite.

ALDRICH, à Catherine.

Voici votre fils! J'ai ordre de le laisser seul, avec vous, une demi-heure. (Montrant le sablier.) Quand ce sablier indiquera une demi-heure écoulée, je rentrerai.

Il sort par la porte de droite.

KEPPLER, se jetant dans les bras de Catherine.

Ma mère !...

CATHERINE.

Mon fils, mon cher fils, je te revois enfin, et c'est au moment où l'on va prononcer ma sentence!... Comment te remercier de tant de dévouement et de tendresse! Les paroles me manquent, pour exprimer la reconnaissance dont mon cœur est rempli. J'aurais voulu pouvoir te parler plus tôt, pour te conjurer de m'abandonner à mon triste sort, pour te dire qu'innocente, et à l'abri de tout soupçon, j'attends avec confiance la sentence des juges... Comment me condamneraient-ils? Où sont les faits qui m'accusent ?

KEPPLER.

Croyez-vous, ma mère, que Rachel fût sorcière ?

CATHERINE.

Rachel était une digne et sainte femme.

KEPPLER.

Cependant, le tribunal de Weil la condamna au feu.

CATHERINE.

Oui, et jusqu'à ses derniers moments, elle protesta de son innocence. J'étais près d'elle, aux tristes instants de son dernier supplice. Quand elle monta sur le bûcher, elle appelait encore sur ses juges et ses accusateurs, la vengeance de Dieu.

KEPPLER.

Et cet exemple ne vous effraye pas, ma mère ? Et vous ne vous dites point qu'innocente, comme Rachel, vous pouvez être condamnée comme elle, et monter, comme elle, sur le bûcher?

CATHERINE.

Crois-tu donc que j'aie pleuré Rachel ? Crois-tu que j'aie maudit l'arrêt qui la condamnait ? Détrompe-toi. Ceux qui périssent victimes de la perfidie des hommes, ne sont pas à plaindre. Au-dessus des tyrans et des puissants de la terre, qui sèment autour d'eux les ruines et la mort, il y a la suprême justice de Dieu! Dieu reçoit en son sein et comble de félicités éternelles toutes les malheureuses victimes de l'iniquité humaine. Il ne faut donc pas plaindre leur sort, il faut l'envier. C'est pour cela que j'attends d'un cœur résolu l'arrêt du tribunal. S'il proclame mon innocence, tant mieux; s'il me condamne, tant mieux encore. Je partagerai la destinée de Rachel; je jouirai, comme elle, des récompenses suprêmes qui attendent les martyrs, au delà du tombeau.

KEPPLER.

Vous ne feriez donc rien pour échapper au jugement qui se prépare ?

CATHERINE.

Rien!

KEPPLER.

Eh quoi, si l'on vous disait : « La liberté peut vous « être rendue. Vous pouvez vous soustraire à la con- « damnation qui vous attend. Vous pouvez, avant « l'heure du jugement, fuir avec votre fils, et met-

« tre toute l'Allemagne entre vous et vos oppres-
« seurs... » Si l'on vous disait cela, ma mère, que répondriez-vous?

CATHERINE.

Je refuserais de me dérober à l'arrêt de la justice. Je veux que l'on proclame mon innocence, à la face de tous, ou que l'iniquité de ma condamnation retombe sur mes juges et mes bourreaux.

KEPPLER, avec désespoir.

Mais c'est impossible! j'ai mal entendu. Vous ne pouvez pas me répondre ainsi, quand je viens vous arracher à la mort!...

CATHERINE.

Mon fils, tu ne connais pas mon cœur. Si tu savais l'inébranlable résolution qui l'anime, tu ne le torturerais pas davantage, pour en faire sortir une lâcheté.

KEPPLER, vivement.

Nous n'avons pas un instant à perdre, ma mère. Apprenez donc que là, derrière cette porte (Il montre la porte verrouillée, qui est à gauche.) se tiennent deux de mes élèves, deux jeunes gens dévoués et résolus, Conrad Werner et Pierre de Lombardie. Frappez trois coups à cette porte, avec le manche de ce poignard, (Il lui donne un poignard) et à ce signal, la porte tombera sous leurs efforts. Vous sortirez par cette issue. Elle donne sur un couloir désert, qui conduit hors du palais. Mes deux amis vous guideront. Un carosse et des chevaux vous attendent dans la rue, pour vous emporter loin de Stuttgardt. Tout est préparé, tout est prévu. Partez donc, ma mère, partez, je vous en supplie... Si Aldrich rentre et veut s'opposer à votre fuite, j'ai mon épée, pour le tenir en respect. Frappez donc bien vite à cette porte...

CATHERINE.

Non!... Plutôt mourir, que de fuir devant l'accusation d'un crime dont je suis innocente ! Ma fuite donnerait raison à mes accusateurs.

KEPPLER, uppliant.

Ma mère, au nom du ciel!...

CATHERINE, lui prenant le poignard.

Un mot de plus, et je me perce, sous tes yeux, de ce poignard.

KEPPLER, tirant son épée, et la tenant près de la garde, traverse la scène, et va à la porte de gauche.

Eh bien! c'est moi qui donnerai à mes amis le signal qu'ils attendent.

Il frappe à la porte de gauche, avec le pommeau de son épée.

CATHERINE, criant, et allant frapper à la porte de droite.

A moi, Aldrich, à moi!...

Aldrich, entre par la porte de droite.

ALDRICH.

Qu'y a-t-il, et que se passe-t-il ici?

CATHERINE.

Il y a qu'on veut me faire évader, et que je m'y refuse. Ouvre cette porte, (Elle montre la porte de gauche.) et tu trouveras, dans le couloir, deux hommes qui voulaient entrer ici, pour m'enlever... Te voilà prévenu, le reste te regarde.

ALDRICH.

Merci, dame Catherine, je vais mettre bon ordre à tout cela.

Il ouvre la porte de gauche, et sort.

KEPPLER, s'assied avec accablement.

Perdue!... elle est perdue!... Il ne manquait plus que cè dernier coup à la fatalité qui m'accable!

CATHERINE.

Relève ton courage, mon fils. Les criminels seuls doivent pâlir et trembler!...

ALDRICH, rentrant par la porte de gauche.

L'avis était bon. Deux hommes attendaient, en effet, derrière cette porte; et à ma vue, ils se sont enfuis... Merci, dame Catherine. (A part.) Il paraît qu'il y a des prisonniers qui aiment leur prison, comme des oiseaux qui aiment leur cage. Il est heureux que je sois tombé sur un de ces oiseaux rares... (Haut.) Mais, voici l'heure de l'audience... Seigneur Keppler, veuillez conduire votre mère à la place qui l'attend. Les juges vont arriver.

KEPPLER.

Dieu fasse que la vérité touche leur cœur!

SCÈNE VI

Les Mêmes, un HUISSIER, cinq Juges criminels, dont LE PRÉSIDENT, un GREFFIER, FRITZ, ZÉNO, MŒSTLIN.

Les juges s'asseoient derrière la table, l'huissier et le greffier restent debout.

LE PRÉSIDENT.

Huissier, laissez entrer le peuple, afin que les débats de ce procès criminel lui apprennent à se tenir en garde contre les ruses et les maléfices des sorciers et possédés du démon. (L'huissier ouvre les portes de droite et de gauche. Des hommes et des femmes du peuple entrent aussitôt, et se rangent des deux côtés de la scène. Keppler et Fritz demeurent debout, devant le peuple, au premier plan.) Accusée, approchez!... (Catherine quitte son banc, et vient se placer devant les juges.) Avant toute chose, femme, jure de dire la vérité, la vérité sur ton propre compte, comme sur autrui.

CATHERINE.

Je le jure.

LE PRÉSIDENT.

Ton nom?

CATHERINE.

Catherine Guldenmann.

LE PRÉSIDENT.

Par qui as-tu été élevée?

CATHERINE.

Par ma tante Rachel.

LE PRÉSIDENT.

Qui fut brûlée à Weil, le 13 juin 1580?... Ainsi, tu ne nies pas ta parenté avec cette sorcière?

CATHERINE.

Non seulement je ne la nie pas, mais encore, je m'en glorifie; car Rachel n'était pas une sorcière, mais une chrétienne courageuse, qui est morte en martyre.

LE PRÉSIDENT.

Nous nous souviendrons de cette réponse. Greffier, veuillez en tenir note. (A Catherine.) Où es-tu née?

CATHERINE.

A Weil, en Souabe.

LE PRÉSIDENT.

Es-tu femme mariée, ou veuve?

CATHERINE

J'ignore si je suis veuve, car je n'ai eu aucune nouvelle de mon mari, Henri Keppler, parti, il y a trente ans, comme volontaire de l'armée autrichienne, pour prendre part à la guerre contre les Turcs.

LE PRÉSIDENT.

Tu vas entendre, de la bouche d'un témoin, dont la justice a reçu les avis et les justes dénonciations, les charges qui pèsent sur toi. (A Zéno.) Seigneur

Zéno, vous vous présentez comme accusateur. Veuillez énumérer les diverses charges qui ont été rassemblées contre cette femme, avec le concours de vos bons avis.

ZÉNO.

Je ne dirai rien, monsieur le Juge criminel, qui ne soit appuyé de preuves certaines... Et d'abord, Catherine Keppler réunit tous les signes que les tribunaux criminels de tous les pays admettent comme preuve suffisante de sorcellerie. Elle ne regarde personne en face, et elle n'a jamais versé de larmes. Ces signes ont suffi, vous le savez, monsieur le Juge criminel, pour faire condamner bien des accusés.

LE PRÉSIDENT.

Assurément, seigneur astrologue.

ZÉNO.

Voici maintenant des charges directes. Catherine a été convaincue d'avoir, quelques instants après le supplice de sa tante, la sorcière Rachel, recueilli sur son bûcher, des cendres, encore chaudes, pour en faire des objets de maléfices... Elle est encore accusée d'avoir fait disparaître son mari, Henri Keppler, pour livrer son âme à l'enfer, et employer son crâne à faire une coupe à l'usage des possédés et des démons... Voilà, monsieur le Juge criminel, les charges qui, selon moi, pèsent sur cette femme. Elles établissent parfaitement, je le crois, sa qualité de sorcière.

LE PRÉSIDENT, à Catherine.

Tu as entendu, Catherine, les accusations qui sont

portées contre toi. Un aveu serait la meilleure recommandation auprès du tribunal. Je te demanderai donc si tu veux avouer et confesser le crime de sorcellerie dont on t'accuse.

CATHERINE, d'une voix forte.

Je suis innocente !

LE PRÉSIDENT.

Dans ton intérêt, Catherine, je réclame de toi des aveux. Ton état de possession diabolique ne saurait être mis en doute. Fais-nous donc connaître le nom de l'esprit infernal qui obsède ton âme. Est-ce Belzébuth, prince de la magie ? Est-ce Bélias, roi des ténèbres ? Astaroth, prince des dominations, ou Belphégor, gouverneur de la puissance ?

CATHERINE.

Je ne connais aucun de ces esprits infernaux.

LE PRÉSIDENT.

Ainsi, tu persistes à ne rien avouer ?

CATHERINE.

Je persiste à dire la vérité !

LE PRÉSIDENT.

Je n'ai donc qu'un parti à prendre : c'est de te faire appliquer la torture. La douleur te fera parler. Lorsque l'*Angelus* sonnera, lorsque ce sablier (Il montre le sablier) marquera midi, le tourmenteur fera son office.

KEPPLER, s'avançant.

Un témoin accusateur a été entendu, monsieur le

Juge, et je réclame le droit de parler à mon tour, comme témoin favorable à l'accusée !

LE PRÉSIDENT.

La loi vous accorde ce droit, seigneur Keppler. Je vous préviens seulement qu'à midi, comme je l'ai ordonné, la question sera appliquée.

KEPPLER, regardant le sablier.

Il me restera, je l'espère, assez de temps pour faire éclater aux yeux de tous l'innocence de ma mère... Catherine est accusée de jeter des sorts et des maléfices... (Se tournant vers le peuple.) Amis, vous êtes tous du pays de ma mère, et vous la connaissez depuis votre enfance. Dites, Catherine a-t-elle jamais fait périr vos troupeaux? A-t-elle détruit vos récoltes? A-t-elle attiré sur le toit d'un seul d'entre vous, la maladie, le feu, la misère? A-t-elle dirigé la grêle sur vos moissons? A-t-elle fait noyer vos semailles ou détruire vos foins par la gelée? A-t-elle fait aigrir le lait de vos brebis? La source du village a-t-elle jamais tari à son approche, et, sous ses regards, vos enfants sont-ils devenus estropiés ou rachitiques?... Que celui qui peut reprocher à Catherine quelque maléfice de ce genre, s'avance et l'accuse! (Personne ne bouge.) Vous le voyez, monsieur le Juge, personne ne se présente... Et comment pourrait-on accuser de sorcellerie celle dont le nom est béni dans toute la contrée?... Quel est celui de nos paysans qui, étant malade ou affligé, n'a vu venir à lui ma mère, pour le soigner, le secourir ou le consoler? Celle qui a souri à vos joies, compâti à vos infortunes, celle qui vous a soutenus dans l'adversité, et vous a donné l'exemple de la piété, de la résignation et du courage, peut-elle, dites-moi, être soupçonnée d'avoir des intelligences avec l'enfer?

TOUS.

Non, non!

ZÉNO, s'avançant.

Il est certain pourtant que Catherine a jeté des sorts sur la ville de Weil.

LE PRÉSIDENT.

Y a-t-il un témoin pour le certifier?

ALDRICH, s'avançant.

Oui! moi!... Je certifie avoir vu, sur le passage de Catherine, la foudre tomber sur les maisons, la pluie inonder les semailles, et la grêle détruire les récoltes... Son regard faisait tarir les sources, disperser les troupeaux et mourir les enfants.

KEPPLER.

C'est faux!

ALDRICH.

La preuve que dame Catherine a le mauvais œil, c'est qu'un jour je la rencontrai, ayant mon ballot sur le dos, et elle ensorcela si bien mes almanachs, que je ne pus en vendre un seul.

CATHERINE, très calme.

Où m'as-tu rencontrée?

ALDRICH.

A Weil, sur la grande place, un matin de juillet.

CATHERINE.

En quelle année ?

ALDRICH.

En 1603.

FRITZ.

Tu mens... En juillet 1603, tu étais dans la prison de Stuttgardt, pour avoir fait faux poids, en vendant de vieux almanachs à la livre !

ALDRICH.

L'année ne fait rien à la chose ; si ce n'était pas en 1603 c'était en 1605.

FRITZ.

En juillet 1605, tu étais dans la prison de Graëtz, pour avoir fait fausse mesure, en vendant des prédictions plus courtes que tu ne les avais annoncées !

ALDRICH.

Quand il y a si longtemps, on ne peut pas se rappeler exactement... Mettons que ce soit en 1610, et n'en parlons plus !

FRITZ.

En juillet 1610, tu étais dans la prison de Linz, pour avoir fait de la fausse monnaie... Et maintenant, en 1620, tu pourrais bien rester, pour crime de faux témoignage, dans la prison de Stuttgardt, dont tu es le geôlier. (Au président.) Je ne connais pas le beau langage, monsieur le Juge criminel, mais, je parlerai avec ma conscience... Je suis né à Weil, là où est née dame Catherine, et depuis que je suis au monde, j'ai toujours vu les habitants de Weil l'aimer et l'estimer.

LE PRÉSIDENT, à Fritz.

C'est bien; vous pouvez vous retirer.

KEPPLER, après une pause.

Catherine est accusée d'avoir recueilli des cendres du bûcher de Rachel, pour en faire des objets de sortilége et de maléfices?... Oui, Catherine monta sur le bûcher fumant; mais c'était pour ramasser dans les cendres brûlantes, une médaille de la Vierge, médaille bénite, que Rachel portait à son cou, et qui n'a plus quitté ma mère.

CATHERINE, tirant une médaille de son sein.

Cette médaille, la voilà!

Elle l'embrasse.

KEPPLER.

Ma mère n'a-t-elle pas fait une œuvre pieuse en retirant d'un bûcher une relique chrétienne?... Effacez donc, monsieur le Juge criminel, effacez encore cette accusation! (Après une pause.) Catherine est accusée, dites-vous, de ne pouvoir regarder personne en face; ce qui est un signe caractéristique des sorcières. Ma mère est affligée d'une infirmité, héréditaire dans notre famille... Elle ne distingue les objets que lorsqu'ils sont tout près d'elle. A la place où elle est, elle ne saurait reconnaître aucun de nous; et malgré tout son désir, elle ne peut fixer ses yeux sur les miens. Mais, permettez-moi de me rapprocher d'elle, vous verrez son regard se diriger, sans hésiter vers mon visage.

LE PRÉSIDENT, *à Keppler.*

Vous pouvez vous approcher.

KEPPLER, *il se rapproche de Catherine.*

Ma mère, la dernière fois que vous m'avez vu, c'était à la cour de Rodolphe II. Je venais de découvrir les grandes lois de l'univers, et mes yeux brillaient de l'éclat de la victoire. J'avais combattu en face les croyances d'un Empereur, et ma taille se redressait, haute et fière. J'étais vêtu en gentilhomme; mes cheveux, parfumés, se jouaient sur mon front mes mains disparaissaient sous les dentelles, et mes doigts étaient ornés de bagues précieuses. La jeunesse, le bonheur et l'espérance, éclairaient mon visage, et chacun se découvrait devant moi, avec respect. Voilà ce que j'étais il y a deux ans... Maintenant, savez-vous ce qu'est devenu votre fils? Ses cheveux ont blanchi, son front s'est ridé, sa taille s'est voûtée, sa bouche a perdu son sourire et ses yeux leur éclat... Regardez-moi, ma mère, regardez-moi!...

CATHERINE, *regardant Keppler, avec une ineffable tendresse.*

Oui, mon fils, je te regarde... je te regarde, et il me semble voir ta vie entière se refléter dans tes yeux, Ce fut d'abord l'âme naïve et tendre d'un enfant qui s'ignore, puis, l'âme ardente et passionnée de celui qui veut tout apprendre et tout savoir... A présent, c'est l'âme courageuse et loyale d'un homme qui a pour guide la vérité et pour juge sa conscience... Ton âme est douloureusement frappée par le coup qui me menace. Tu souffres!... tu souffres cruellement de l'odieuse accusation portée contre moi!... Mais, si Dieu nous envoie cette cruelle épreuve, c'est qu'il nous croit dignes de la supporter sans faiblir... L'injustice ne doit pas nous abattre, elle doit nous grandir. Ne courbe pas la tête, mon fils, relève-la! Domine la calomnie de ton génie, comme je la domine de mon innocence!...

KEPPLER, au président.

Eh! bien, monsieur le Juge criminel, ma mère ne peut-elle regarder personne en face?...

CATHERINE, à Zéno.

Je te regarderai aussi, Zéno, et c'est toi qui trembleras sous mon regard, (le regardant dans le blanc des yeux.) car il pénétrera jusqu'à la moëlle de tes os... Tu prétends lire dans les astres, faux prophète? Moi, je lis dans les cœurs! Le tien ne renferme qu'égoïsme, ambition, perfidie!... Aujourd'hui, tu es jaloux de Keppler, et tu ne recules devant rien pour l'attaquer. Demain, peut-être tu seras jaloux de l'Empereur Mathias, et tu voudras lui arracher son sceptre! (Zéno recule devant elle.) Eh! bien, trouves-tu que je ne regarde personne en face?...

LE PRÉSIDENT.

Assez, dame Catherine; veuillez reprendre votre place.

Catherine va se replacer à son banc.

KEPPLER.

Ma mère, dit-on, ne verse jamais de larmes, et c'est là un signe infaillible de sa qualité de sorcière Et pourquoi imputer ainsi à crime l'héroïsme d'une femme stoïque, dont l'âme est plus forte que vos menaces? Si ma mère est toujours restée les yeux secs devant l'infortune et la persécution; si la prison, ni la solitude, n'ont jamais amené une larme dans ses yeux, c'est qu'elle a le cœur vigoureux et fort de la femme chrétienne. Les larmes sont une rosée sainte que Dieu fait monter de notre cœur à nos yeux, pour traduire de douces émotions intérieures, plutôt que des souffrances. Plaignez donc ma mère, monsieur le Juge criminel, et ne lui imputez pas à crime son insensibilité, car ses yeux sans larmes ne prouvent que l'immensité de sa douleur.

LE PRÉSIDENT.

La jurisprudence de tous les pays est formelle, seigneur Keppler... Celui que le chagrin, la douleur, la terreur, ou le châtiment, laissent sans larmes, est réputé sorcier. Chacun sait cela.

KEPPLER.

M Mœstlin, Fritz, mes amis, quelqu'un de vous doit avoir vu pleurer ma mère !... Invoquez vos souvenirs ? Si ce n'est de douleur, elle a pleuré de joie ou de tendresse. (A Catherine.) Ma mère au nom du ciel, vous souvient-il d'avoir pleuré ?

CATHERINE.

Demande aux martyrs chrétiens s'ils ont versé des larmes ! Demande aux martyrs de la raison, à Jordano Bruno, à Savonarole, à Cecco d'Ascoli, morts pour leurs croyances, sur le bûcher allumé par les papes, combien de fois ils ont pleuré !

KEPPLER.

Par pitié ! ma mère, laissez-vous attendrir. Quittez cette insensibilité fatale, qui vous perd. Ce que les chagrins ni la douleur n'ont pu vous arracher, accordez-le à la prière d'un fils... Je vous le demande à genoux...

(Il fléchit le genou devant Catherine, qui ne répond rien, et reste immobile).

LE PRÉSIDENT, à Keppler.

Je vous rappellerai, pour la seconde fois, que c'est à midi que la torture doit être appliquée. Vous n'avez plus que dix minutes.

KEPPLER, se relevant.

Dix minutes, rien que dix minutes ; vous entendez, ma mère ! Mon Dieu ! faites glisser une larme sous ses paupières !... Non, ses yeux sont toujours secs, et le temps marche, et l'angélus va sonner... Seigneur, inspirez-moi !... Ah !... (Changeant subitement de ton). Une nuit de Noël, il neigeait, et dans une pauvre maison de la Souabe, une mère veillait son enfant. Le pauvre petit être, depuis longtemps aux prises avec la maladie, et abandonné par les médecins, se débattait contre la mort. Penchée sur le visage glacé de l'enfant, la mère semblait vouloir lui donner une seconde fois la vie, en mettant toute son âme dans son regard. « Un miracle !... il faudrait un « miracle, pour sauver mon fils » disait-elle, en se tordant les bras. Tout d'un coup, elle sortit, et rentra bientôt, un brin de buis à la main. S'agenouillant près du berceau : « Sainte Vierge, dit-elle, je n'ai « rien à vous offrir que cette branche de buis, cueil- « lie dans la neige. Aucun prêtre ne l'a consacrée, « mais les larmes d'une mère sanctifient ce qu'elles « touchent ». Et la mère, après avoir longtemps pleuré sur la branche de buis, la suspendit au chevet de son fils... L'enfant s'était endormi ! Lorsqu'il se réveilla, il sourit à sa mère, en lui tendant ses petits bras!... Il était sauvé!... L'enfant est aujourd'hui un homme; la branche de buis s'est flétrie! (Il tire de sa poitrine, une branche de buis.) Mais, en la regardant... comme autrefois... la mère pleurera...

A mesure que Keppler a avancé dans son récit, Catherine, devenue attentive, s'est émue, a pleuré; et lorsque son fils lui présente le brin de buis, elle éclate en sanglots.

CATHERINE, embrassant Keppler, en pleurant

Mon fils! mon fils!

KEPPLER, avec éclat.

Ma mère, vous avez pleuré!... et vous pleurez encore!...

L'angélus sonne.

LE PRÉSIDENT.

D'après ce que nous venons de voir et d'entendre, seigneur Keppler, nous absolvons Catherine sur les chefs d'accusation dont il a été parlé! Mais, une dernière charge subsiste, et c'est malheureusement la plus grave. Votre mère est toujours accusée d'avoir fait disparaître son mari, pour employer son crâne à d'affreux sortiléges. Personne n'a prouvé l'existence d'Henri Keppler. L'accusation persiste donc sur ce point.

KEPPLER.

Mon père a dû périr pendant la dernière guerre de l'Empereur Rodolphe contre le prince de Transylvanie. Il avait repris du service dans nos troupes, et je l'ai vu dans le camp impérial. Mais depuis la fin de la guerre, nous n'avons eu aucune nouvelle de lui. L'Empereur Mathias a fait commencer, à ma prière, des recherches en Hongrie, pour constater sa mort, ou pour le retrouver, s'il est resté prisonnier en Transylvanie. Veuillez donc attendre, monsieur le Juge criminel, l'arrivée de ces renseignements, pour continuer le procès.

LE PRÉSIDENT.

L'*angélus* a sonné ! J'ai dit qu'à cette heure, l'accusée serait livrée au tourmenteur, pour que la douleur lui fasse avouer le crime qu'on lui impute. Huissier ouvrez la salle de torture.

SEPTIEME TABLEAU

Le Tourmenteur.

Le rideau du fond se lève, et laisse voir une salle de torture, dont le plancher est beaucoup plus élevé que celui de la scène. Aldrich, vêtu de rouge, est debout, au milieu de la salle.

FRITZ, regardant Aldrich.

En croirai-je mes yeux ! le tourmenteur, c'est Aldrich !

CATHERINE, a Aldrich.

J'avais bien prévu que tu tomberais au dernier terme de la dégradation... Bourreau, fais ton office. La victime est prête.

ALDRICH.

Pas tant de jactance, Catherine. Jette un coup d'œil sur ce qui t'environne; tu seras peut-être un peu moins fière, en voyant ce qui t'attend !

CATHERINE.

Ce qui m'attend, je le sais. D'abord, n'est-ce pas, les brodequins?... brodequins lugubres, qui, au lieu d'orner le pied, le brisent !... Ensuite, le collier... collier sinistre, collier de l'agonie, toilette du tombeau!... Puis, le chevalet... monture de douleur, qui vous emporte dans l'éternité... L'estrapade, qui vous arrache les membres, avant de vous arracher l'âme... Et peut-être, enfin, le bûcher, supplice que j'envie car il met un terme à toute souffrance... (Aldrich descend sur la scène, pour s'emparer de Catherine.) Avant de me toucher, laisse-moi embrasser mon fils... Cela me donnera des forces.

KEPPLER, se jetant dans ses bras, en pleurant.

Ah ! ma mère !

ALDRICH, entraînant Catherine, pour l'amener à la salle de torture.

Allons ! le moment est venu !...

SCÈNE VII

LES MÊMES, SUZANNE, amenant HENRI KEPPLER.

SUZANNE.

Arrêtez. J'amène Henri Keppler, le mari de Catherine.

KEPPLER, tenant Suzanne dans ses bras.

Suzanne ! Est-ce bien toi que je revois ? Est-ce bien toi qui m'es rendue, après deux ans d'absence ?

SUZANNE.

Oui, et voici votre père.

KEPPLER.

Tout cela est-il bien vrai ?... Dis-moi que ce n'est pas un rêve !... Mais, par quel miracle ?...

HENRI KEPPLER.

J'étais, depuis douze ans, prisonnier dans un fort

de la Hongrie. Avec une persévérance admirable, Suzanne m'a cherché de village en village, et elle a fini par découvrir le lieu de ma détention. Sans elle, je serais mort en captivité !... Bien du temps s'est écoulé avant qu'elle ait pu obtenir du Prince de Transylvanie la faveur de me faire échanger contre un des prisonniers de notre armée ; mais, grâce au ciel, elle y est parvenue, et nous revenons à temps pour sauver Catherine,

KEPPLER.

Chère Suzanne !

SUZANNE.

Ne vous ai-je pas dit : ... « Là, où il faut aller, je vais ; là, où il faut passer, je passe ; là, où il faut être, je suis... »

LE PRÉSIDENT.

Nous ne pouvons admettre que cet homme soit Henri Keppler, à moins que deux témoins n'établissent son identité.

MOESTLIN, s'avançant.

Je rends grâce à Dieu de m'avoir laissé vivre assez longtemps pour me permettre de faire aujourd'hui le serment que cet homme est bien Henri Keppler. Je le vis, un jour, pendant qu'il était cabaretier dans le village d'Ermendingen... Et ce jour je ne puis l'oublier, car ce fut celui où Catherine me confia son fils, pour le conduire à l'Université de Tubingue.

FRITZ.

J'affirme également que c'est bien là Henri Keppler, le père de mon maître.

LE PRÉSIDENT, à Catherine.

La présence d'Henri Keppler fait tomber le dernier chef d'accusation. Tu es libre, Catherine.

CATHERINE, se jette dans les bras de Keppler et de Suzanne.

Mon fils! Suzanne! et toi, Henri!... que je suis heureuse!

LE PRÉSIDENT, à Zéno.

Maintenant, Zéno approchez. (Zéno s'approche.) Vous aviez accusé Catherine Keppler du crime de sorcellerie... Or, son innocence vient d'être pleinement établie. Votre accusation étant reconnue fausse, il appartient à la justice de punir vos calomnies. Zéno, aux termes de la loi, vous serez poursuivi, à votre tour... Vous comparaîtrez demain devant nous.

Sortie générale. Zéno et Aldrich restent seuls.

SCÈNE VIII

ZÉNO, ALDRICH.

ZÉNO.

Moi, accusé! moi, cité devant un tribunal!... Tandis que Catherine est libre, et que Keppler va ramener à Prague Suzanne... Suzanne que j'aimais... que j'aime toujours... que j'aime avec jalousie, avec fureur!... Et il va l'épouser!... Sang et damnation!... voilà ce qui ne se verra pas. (A Aldrich.) Aldrich, tu as entendu les paroles du Juge criminel!... Vite, va seller deux chevaux, mets mes pistolets dans les fontes, prends mon épée pour moi, et pour toi, un poignard.

ALDRICH.

Et où allons-nous?

ZÉNO.

Je te le dirai, en route !

Rideau.

ACTE V

8ᵉ ET 9ᵐᵉ TABLEAUX

Promenade au ciel. Effet d'un guet-apens.

La terrasse de l'Observatoire de Prague.—Un parapet, à la hauteur de la ceinture, entoure la terrasse. — A droite, une porte, donnant dans l'Observatoire.—Au fond, la campagne... —Une grande sphère astronomique, représentant les constellations célestes, est à droite. — Un pied de lunette est près du globe. — Un banc de bois, à gauche.

SCÈNE PREMIÈRE

KEPPLER, SUZANNE.

Au lever du rideau, Keppler est debout devant le globe, tenant de la main gauche un carnet, et de la main droite un compas, avec lequel il prend une mesure sur le globe. Suzanne est assise à gauche, sur le banc de bois.

SUZANNE.

Voilà longtemps que tu travailles, mon Jean bien-aimé; ne veux-tu pas prendre un peu de repos... là, près de moi?...

Elle lui indique la place près d'elle.

KEPPLER, posant le carnet et le compas.

Que tu es bonne, chère Suzanne. (Il va s'asseoir près de Suzanne, sur le banc, et lui prend les mains.) Un instant passé près de toi, à tes côtés, quel plus doux délassement des heures de travail ?...

SUZANNE.

Je voudrais te voir jouir du calme de la vie nouvelle dont la Providence a payé ta persévérance et ton courage. Le sort s'est enfin lassé de te poursuivre, et tous nos vœux sont accomplis.

KEPPLER.

Oui, l'innocence de ma mère hautement proclamée ; l'Empereur Mathias m'accordant le titre d'astronome de la cour de Prague, et Zéno, sur le point d'être arrêté, se dérobant aussitôt par la fuite, à la sévérité du tribunal ; enfin, notre mariage, chère Suzanne, fixé à demain, par l'Empereur, qui a daigné autoriser cette union, voilà ce qui comble tous mes désirs. Je remercie Dieu qui s'est montré si clément envers moi, et qui m'assure, entre ma mère et toi, entre la science et mes plus chères affections, une existence tranquille, après tant d'angoisses et de tourments !

SCÈNE II

KEPPLER, SUZANNE, FRITZ, UN MESSAGER, apportant une lettre et une boîte très longue.

FRITZ.

Seigneur Keppler ?

KEPPLER.

Qu'y a-t-il ?

FRITZ.

Un messager.

KEPPLER.

D'où vient-il ?

FRITZ.

D'Italie... Il est porteur d'une lettre de Galilée.

KEPPLER.

Une lettre de l'illustre Florentin !... Ah ! donne vite. C'est un honneur pour moi que de recevoir un message de Galilée. (Il prend la lettre des mains de Fritz. Donnant la lettre à Suzanne.) Veux-tu lire, Suzanne ?

SUZANNE, lisant.

« *Illustre Keppler, la lumière attire la lumière, et* « *l'Italie veut joindre votre génie à son soleil. Je viens,* « *de la part de la République de Venise, vous offrir la* « *place de professeur d'astronomie à Padoue. Permet-* « *tez-moi de vous souhaiter la bienvenue dans mon pays,* « *et de vous envoyer, comme une preuve de sympathie et* « *d'admiration, une lunette astronomique, la dernière* « *et la plus puissante qui soit encore sortie de mes* « *mains* ».

FRITZ, il met sur la table la boîte, qu'il a prise des mains du messager.

Voilà la lunette.

SUZANNE, lisant.

« *Laissez-moi ajouter que la ville de Padoue possède « la plus belle Université de l'Europe, et que la solde « d'astronome de la République de Venise est le double « de celle que vous touchez à la cour de Prague* ».

LE MESSAGER.

Mon maître peut-il espérer que vous accepterez le poste que l'Italie est heureuse de vous offrir ?

KEPPLER.

Écoute, messager... Le soldat qui déserterait son poste, en un jour de bataille ; le médecin qui fuirait devant l'épidémie ; le prêtre qui ne répondrait pas à l'appel d'un mourant, seraient moins coupables que le savant qui quitterait sa patrie, pour porter à l'étranger le fruit de ses travaux. Va dire à Galiléo Galilei que je l'estime et le révère entre tous ! Va dire à Galiléo Galilei que le présent qu'il me fait de sa lunette astronomique est le don le plus précieux que j'aie jamais reçu, et que ma reconnaissance pour lui sera éternelle. Mais tu lui diras aussi que je reste dans ma vieille Allemagne... J'y reste, pour remplacer les erreurs d'une fausse science par des vérités nouvelles ! J'y reste, pour planter le drapeau de l'astronomie naissante sur les ruines de l'astrologie expirante... J'y reste, enfin, parce que c'est là que mon cœur s'est donné... (Regardant Suzanne.) parce que c'est là que m'attend le bonheur. (Le messager s'incline, et sort)... Et maintenant, sans plus tarder, installons la lunette. (A Fritz.) Fritz pose-la sur ce pied. (Fritz ouvre la boite, en retire la lunette et la pose sur le pied, qui est près de la sphère.) Bien !... (A Suzanne) Suzanne, tu m'as souvent exprimé le désir d'être initiée aux merveilles que le ciel offre à notre vue. J'ai hâte de faire l'essai de la lunette de Galilée, de sonder, à son aide, les profondeurs de l'espace. La nuit arrive, le moment est donc favorable pour répondre à ton désir... (Le jour diminue.) Mais avant de t'expliquer le véritable rôle des mille points radieux qui constellent le firmament, je veux, chère Suzanne, que tu me dises, dans la naïveté de tes impressions ce que tu vois, ce que tu crois voir, sous la voûte céleste, pour que je rectifie ensuite tes idées.

La nuit arrive peu à peu.

SUZANNE.

Puisque tu le désires, écoute-moi... Pendant que la nuit couvre tout de son ombre sur la terre endormie, je vois s'allumer, une à une, les étoiles, ces lampes du ciel.

KEPPLER.

Mais ces étoiles, ces lampes du ciel, comme tu les appelles, ont-elles toutes le même aspect ?

SUZANNE.

Non. Il en est dont la lueur tranquille ressemble à celle du ver luisant qui brille doucement sur l'herbe. Il en est d'autres qui brillent et scintillent, comme des diamants sur leur écrin... Je vois aussi, de temps en temps, une étoile se détacher du ciel, glisser et disparaître. Ma mère disait que les étoiles qui sillonnent ainsi l'espace, et l'illuminent d'une subite et longue traînée d'argent, sont des âmes immortelles qui se rendent visibles à nos yeux...

KEPPLER.

Continue, Suzanne.

SUZANNE.

Je vois sur une autre portion du ciel, comme un semis d'étoiles. Le peuple dit que c'est le chemin qui mène au paradis... Au milieu est la lune, qui semble prendre un visage humain, pour regarder dans nos cœurs...

KEPPLER.

Que vois-tu encore?

SUZANNE.

Je vois enfin un astre immense et vaporeux, portant comme une sorte de nuageux panache, traverser une vaste étendue du ciel.

KEPPLER.

C'est une comète.

SUZANNE.

Présage, dit-on, de calamités redoutables.

KEPPLER.

Oui, voilà bien les idées qu'éveille dans les âmes naïves et dans l'esprit du peuple, l'aspect du ciel étoilé. A moi, maintenant, chère Suzanne, de rectifier ces fausses idées, et de te donner, ma main dans ta main, ta première leçon d'astronomie... Les astres qui brillent d'un tranquille éclat, sans lancer de rayons, ni scintiller, on les appelle des planètes. Ce sont des terres qui, comme la nôtre, tournent autour du soleil. Ceux qui, au contraire, brillent, lancent des feux, et sont comme agités de mouvements lumineux, s'appellent les étoiles. Ce sont des soleils semblables au nôtre, car ils brûlent d'un feu, ils émettent une lumière qui leur est propre. La lune qui répand sa douce lueur sur notre globe, ne fait que réfléchir les rayons du soleil, passé sous notre hémisphère; et sache bien que cet astre n'a aucune influence sur nos destinées. Laisse-donc les âmes humaines reposer en paix dans le sein de Dieu, et ne les mêle jamais aux phénomènes de la nature. Quant aux comètes, ce sont des astres errants, formés d'une substance infiniment légère et vaporeuse. Venant des plus grandes profondeurs de l'espace, elles courent vers le soleil, pour se précipiter et se perdre dans sa fournaise ardente. Enfin, quant à la blanche traînée que le peuple appelle le *chemin du paradis*, nous l'appelons la *voie lactée*. C'est la réunion d'un nombre infini d'étoiles, c'est-à-dire de soleils, et notre soleil lui-même, n'est qu'une des étoiles qui composent la voie lactée.

SUZANNE.

Quel est donc le rôle de la terre dans l'ensemble de l'univers?

KEPPLER.

La terre n'est qu'un point perdu dans l'immensité de l'espace, et elle ne tient pas plus de place dans l'univers, qu'un grain de sable sur le rivage des mers... Te voilà fixée, chère Suzanne, sur la constitution de l'univers. Maintenant, nous allons prendre la lunette de Galilée, pour examiner, grâce à son agrandissement, quelques-uns des astres dont nous venons de parler... **(La toile du fond laisse apparaître une image de la surface de la lune.)** Et d'abord, le satellite de notre globe, le disque de la lune! Cette terre, hérissée de monts abrupts, creusée de cavités profondes, est l'image de la désolation, de la solitude et de la mort. En effet, la lune est un astre mort. Ni air, ni eau, dans ces parages désolés. Aucun oiseau n'agite ses ailes, aucun être animé ne vit dans ces tristes solitudes. La lune est comme un grand cadavre d'astre qui roule dans l'espace, silencieux et désert. Et qui sait, si notre globe lui-même n'aura pas un jour le même sort; s'il n'arrivera pas à ce même état de ruine et de désolation ? Qui peut nous dire que la vie ne finira pas par se retirer de la terre, aujourd'hui si riche et si brillante, occupée par toute une population animée et active ; et si elle ne deviendra pas, comme la lune, un astre glacé silencieux et désert ? (**Le fond du théâtre change, et représente la surface de Mars**). Voici maintenant une planète toute semblable à la nôtre : la planète Mars. Nous y voyons, comme sur la Terre, des mers, des océans, des lacs. Aux deux bouts du globe de Mars, sont des pôles, occupés, comme ceux de la Terre, par des glaces éternelles. Il y a sur Mars, de l'air et de l'eau ; il doit donc exister des créatures vivantes sur ce globe, peuplé sans doute par une création animée, semblable à celle de la Terre. (**Le fond du théâtre change, et représente Jupiter.**) Regarde maintenant une autre planète, plus éloignée : Jupiter. Tu y verras, comme sur Mars, des eaux, des océans, des lacs. Il y a dans Jupiter, des plantes, comme sur la Terre et sur Mars ; seulement, les plantes de Jupiter, au lieu d'être vertes, sont rouges. (**Le fond du théâtre change, et représente Saturne.**) Ceci, c'est la planète Saturne, et son étrange anneau, dans lequel est circonscrite la planète. S'il y a des habitants dans Saturne, ils ont, au lieu de ciel, une terre qui plane sur leurs têtes. (Le fond du théâtre change, et représente une comète.) Et cette comète que tu me signalais tout à l'heure, la voici amplifiée, et vue en détail, grâce à notre lunette merveilleuse. Tu vois toute la diaphanéité de sa substance, car à travers sa masse, on aperçoit les étoiles, comme à travers un rideau de gaze. (Le fond du théâtre change, et reprend son premier aspect)... Nous en resterons là, chère Suzanne, de notre première visite aux profondeurs du ciel. Nous reprendrons cette inspection la nuit prochaine... Mais tu avais raison, j'ai besoin de repos! Cette nuit passée presque toute entière à observer le ciel, le travail de la journée, tout cela m'a occasionné, une grande fatigue... (Il s'étend sur le banc de bois.) Je vais dormir quelques instants, sur ce banc, véritable lit d'astronome, puisqu'il l'oblige à tourner sa face vers le ciel!

Suzanne va prendre des fourrures, et en couvre Keppler, qui s'endort.

SUZANNE, le regardant.

Il dort! Ses traits, pendant son sommeil, dénotent une grande fatigue. Pauvre ami! Ces deux années d'incessantes luttes, pour sauver l'honneur de sa mère, les continuels voyages qu'il faisait à cheval, de Stuttgardt à Prague, pour ce terrible procès, l'ont vieilli avant l'âge. Je saurai, par mes soins, par ma tendresse, lui rendre les forces qu'il a perdues... Mais, moi-même aussi, je tombe de fatigue... Eh bien! mettons-nous près de lui, à ses pieds, comme la compagne fidèle qui le protège de sa présence...

Elle se couche aux pieds de Keppler endormi, et s'endort bientôt, elle-même.

SCÈNE III

KEPPLER, SUZANNE, endormis sur le banc. ZÉNO et ALDRICH.

ALDRICH, enjambant le parapet, au fond. Il tient à la main une lanterne allumée.

Allons ! encore un effort, seigneur Zéno. (Il tend la main à Zéno, et ils sautent tous les deux sur le théâtre.) Nous voilà dans la place !

Il promène sa lanterne autour de lui.

ZÉNO.

Fixe l'échelle de cordes sur le bord du parapet. L'échelle est solide, mais il faut qu'elle soit bien attachée.

Aldrich fixe l'échelle.

ALDRICH.

Voilà qui est fait !

ZÉNO.

Le carrosse et les deux chevaux de main sont-ils toujours en bas ?

ALDRICH, regardant en bas.

Oui le carrosse, pour y enfermer le bel oiseau que nous venons dénicher ici ; les deux chevaux, pour que vous et moi puissions galopper aux portières.

ZÉNO.

C'est bien. Tu n'as oublié aucune de mes instructions ?

ALDRICH.

Aucune. Elles sont trop bien appuyées. (**Il fait sauter dans sa main une bourse.**) Deux cents florins ! cela compte !... Si je vous ai bien compris, il faut entrer dans la chambre de Suzanne, qui est à l'autre bout de la galerie de l'Observatoire, éloignée, par conséquent, des appartements de Keppler et de sa mère ; bâillonner la belle, et l'emporter.

ZÉNO.

C'est bien cela. Cette fière et charmante beauté, j'entends l'emmener, de gré ou de force, avec moi en Italie, et me venger ainsi de l'arrogance de mon rival.

ALDRICH.

Vous savez que je le hais autant que vous, cet astronome maudit ! Comptez sur moi... Voici la porte de la galerie qui conduit à la chambre de Suzanne ; dans un instant, je serai chez elle. (**Il s'avance à gauche.—Apercevant Keppler et Suzanne endormis sur le banc.**) Malédiction ! Par quel fâcheux hasard, Suzanne et Keppler se trouvent-ils sur la terrasse, à cette heure de la nuit ?... Voyez, seigneur Zéno ?

ZÉNO.

Quel contre-temps !...

ALDRICH.

Qu'allons-nous faire ?

ZÉNO.

Ceci change mon plan, mais non ma résolution... Tu vas bâillonner cette jeune fille, sans l'éveiller, si tu le peux, et nous l'emporterons, comme il est convenu.

ALDRICH.

Oui, mais si Keppler s'éveille ?...

ZÉNO, tirant son épée, et se plaçant près de Keppler.

S'il s'éveille, il est mort!

ALDRICH.

Vous m'en direz tant!...

Il s'approche de Suzanne, lui met un mouchoir sur la bouche, et l'entraîne vers la gauche.

SUZANNE, se débattant.

A moi! à moi!

SCÈNE IV

LES MÊMES, CATHERINE.

CATHERINE, arrivant par la droite. Elle tient un flambeau. Le jour revient.

Que se passe-t-il?... Quels sont ces cris?... (Apercevant Aldrich et Suzanne.) Ah! les bandits!

Elle se précipite sur Aldrich. Suzanne se dégage.

KEPPLER, s'éveillant.

Quel est ce tumulte?... Il y a des malfaiteurs ici ?...

Il saute sur son épée, qui est accrochée à une chaise.

CATHERINE.

Oui, c'est ce misérable italien, qui vient comme un voleur et un assassin, pour enlever ta fiancée!

KEPPLER.

Encore Zéno!... Je te retrouverai donc toujours sur mon chemin?... A nous deux, ravisseur de femmes, larron de nuit, assassin d'honneur! Tu as ton épée, et tu peux prendre ton poignard; je suis averti, cette fois.

ZÉNO.

Je n'ai pas besoin de mon poignard pour te percer le cœur!

KEPPLER.

Défends-toi!

Keppler et Zéno se battent. Keppler, blessé par l'épée de Zéno, tombe.

CATHERINE, courant à Keppler.

Mon fils blessé! mort peut-être!...

Elle relève Keppler, et le prend dans ses bras. Pendant ce temps Zéno et Aldrich s'approchent de Suzanne.

ALDRICH, prenant Suzanne dans ses bras.

Allons, la belle! en route pour l'Italie! Et ne faisons pas la méchante!

Ils sortent par la gauche, emportant Suzanne.

Rideau.

DIXIÈME TABLEAU

Un grand homme mort de faim.

La campagne couverte de neige.—Arbres, au deuxième plan, à gauche.—A gauche, au premier plan, une chaumière de paysan. — A droite, une autre chaumière, mais ruinée et abandonnée. — Devant la vieille chaumière, à droite, un banc de pierre.

SCÈNE PREMIÈRE

ZÉNO, ALDRICH, un PAYSAN.

ZÉNO, au paysan.

Et tu dis que nous ne sommes qu'à deux lieues de la frontière du Tyrol ?

LE PAYSAN.

Oui, Monseigneur. Vous pouvez être en Autriche en deux heures, à pied, en une heure, en carrosse.

ZÉNO.

De sorte qu'en une heure, nous pouvons avoir quitté l'Allemagne, et de là, gagner bientôt l'Italie... Merci, mon ami.

ALDRICH.

Il ne faut qu'une heure de carrosse, dites-vous; c'est très bien. Mais pourrons-nous faire usage du carrosse? Il s'est brisé à l'entrée de ce village, et nous avons été forcés de nous arrêter ici, pour le faire réparer.

LE PAYSAN.

Le brancard seulement et une des roues s'étaient brisés ; j'ai rattaché tout cela avec des cordes très solides. Vous pourrez repartir quand il vous plaira.

ZÉNO, joyeux.

Voilà une bonne parole! Eh bien, Aldrich, vas tout de suite faire atteler la voiture et seller les chevaux. Moi je reste encore ici, quelques instants, pour causer avec ce brave homme. (Aldrich sort par le fond.) (Au paysan.) Approche, et écoute !... Nous allons partir ; mais pas un mot à personne, à personne, entends-tu, de notre passage ici ! Quand on te demandera si des étrangers ont traversé ce bourg, tu répondras hardiment que tu n'as vu aucun étranger... Tu m'as compris ?

LE PAYSAN.

Parfaitement, mon bon seigneur. Vous pouvez compter sur ma discrétion.

ZÉNO, regardant la chaumière de droite.

Qu'est-ce que c'est que cette chaumière?... N'y a-t-il pas là quelques curieux, quelques indiscrets, qui pourraient nous avoir vus ?

LE PAYSAN.

C'est la chaumière que j'habitais avant celle-ci, et que j'ai quittée, parce qu'elle tombait en ruines, Elle est ouverte au vent et à la pluie, et personne ne pourrait s'y loger.

ZÉNO.

C'est bien !... tu peux te retirer. (Fausse sortie du paysan.) Ah ! un mot encore. La dame qui voyage avec nous, est souffrante, et je ne serais pas fâché qu'elle prît quelques forces, ainsi que moi, avant notre départ. Peux-tu nous servir quelque chose, là, devant ta porte ?

LE PAYSAN.

Mais je n'ai rien à vous donner, Monseigneur.

ZÉNO.

Bah !... Il te reste bien un broc de vin, ou un hanap de bière, et il y a bien quelque maigre volaille qui s'ennuie dans ta cour. Cela nous suffira.

LE PAYSAN.

Je vous le répète, Monseigneur, je n'ai absolument rien. Le village que vous traversez est le plus pauvre de l'Allemagne, et ma maison est la plus pauvre du village. Depuis longtemps, la guerre nous a ruinés. Vous trouverez une auberge sur votre route, à la frontière.

ZÉNO, de mauvaise humeur.

Et en attendant, nous serrerons nos ceintures, en guise de souper? Enfin !... Raison de plus pour partir sans retard. Je vais prévenir notre voyageuse... Tiens, (Lui donnant une bourse.) voilà pour ta peine... et pour ton silence !...

Il entre dans la chaumière, à gauche.

SCÈNE II

LE PAYSAN, seul. Il ouvre la bourse et compte.

5, 10, 15, 20, 30 florins. Oh! oh! il y a là-dessous quelque méchante affaire... La dame qu'ils ont fait descendre de voiture, était tout en pleurs, et on cherchait à me cacher son visage... La justice pourrait bien avoir à se mêler de tout ceci!... Bah! cela ne me regarde pas... Je n'ai rien vu! (Il fait sauter la bourse dans sa main.) Et si je suis inquiété, j'aurai bientôt passé la frontière.

SCÈNE III

LE PAYSAN, un peu à l'écart, KEPPLER, blessé, et soutenu par HENRI KEPPLER et par FRITZ.

FRITZ.

Encore quelques pas, mon cher maître. Voici un banc, pour vous reposer.

HENRI KEPPLER.

Appuie-toi sur moi, mon fils!... (Il le fait asseoir sur le banc.) J'ai cru que tu ne pourrais pas arriver jusqu'ici! Tu nous as fait partir ce matin, à cheval, sans te donner le temps de panser ton coup d'épée, ni de prendre la moindre nourriture; de sorte que la perte de ton sang et le besoin t'épuisent, et que tu parais vraiment prêt à défaillir.

KEPPLER.

Qu'importe, mon père !... Zéno m'enlève ma fiancée, c'est-à-dire mon âme et ma vie. Si je ne parviens pas à les rejoindre, Suzanne est perdue pour moi, Suzanne est déshonorée, et je n'ai plus qu'à mourir ! Ne vous inquiétez donc ni de ma blessure, ni de ma faiblesse. La fureur et le désir de la vengeance me donneront les forces nécessaires pour atteindre et punir les ravisseurs.

HENRI KEPPLER.

Nous avons appris, à l'entrée du village, qu'un carrosse s'est brisé près d'ici. Les voyageurs ont dû s'arrêter dans quelque maison de paysan. Mais comment trouver cette maison, et le lieu où les fugitifs attendent, sans doute, le moment de repartir ?

FRITZ, apercevant le paysan, qui cherchait à sortir par le fond.

Voilà un homme qui pourra nous renseigner. (Il l'amène sur le devant de la scène.) Interrogez-le, capitaine !

HENRI KEPPLER, au paysan.

Mon ami, une voiture, contenant une jeune dame, et qu'escortaient deux cavaliers, galopant aux portières, s'est arrêtée ce matin, dans ce village. Pourrais-tu nous dire si elle s'y trouve encore ?

LE PAYSAN.

Une voiture ?... des cavaliers ?... Je ne sais ce que vous voulez dire. Je n'ai vu ni voiture, ni cavaliers

Il regarde la chaumière de gauche, avec inquiétude.

KEPPLER, se levant.

Ceux que nous poursuivons sont des ravisseurs et des traîtres. Nous avons ordre de les arrêter partout où nous pourrons les rencontrer. Parle-donc !... Tu les as vus; car tu essayes en vain de cacher ton trouble et ton inquiétude.

HENRI KEPPLER, armant son pistolet, et lui mettant le canon devant la figure.

Si tu ne nous déclares à l'instant leur retraite, je te casse la tête, avec ceci !

LE PAYSAN.

Un moment, monsieur le capitaine, un moment, je vous prie... Baissez votre pistolet... Je ne sais rien, je n'ai rien à vous dire... Quel mal vous ai-je fait, pour me menacer ainsi ? Laissez-moi partir...

HENRI KEPPLER, lui mettant le pistolet sur la poitrine.

Si tu fais un pas pour nous quitter, tu es mort.

LE PAYSAN.

Eh bien, capitaine, eh bien, mes bons messieurs, mes doux seigneurs, je crois que ceux que vous cherchez sont là.

Il montre la chaumière de gauche.

KEPPLER.

Dans cette chaumière ?

LE PAYSAN.

Oui, c'est la mienne... La voiture est cachée derrière les taillis. Elle est réparée, et les voyageurs vont partir... Et moi aussi !...

Il sort en courant par le fond.

SCÈNE III

KEPPLER, HENRI KEPPLER, et FRITZ.

KEPPLER.

C'est donc là que mon perfide rival cache ma chère Suzanne. C'est là qu'il va peut-être triompher d'elle par la violence... Ah ! mon père, entrons entrons vite, dussions-nous briser la porte.

On entend la voix de Zéno.

ZÉNO, à la cantonnade.

Aldrich ! Aldrich !

FRITZ.

C'est la voix de Zéno ; il va sortir, il va venir. Il ne faut pas qu'il nous voie. Entrons un moment, dans cette chaumière abandonnée. (Il montre la chaumière de droite.)

HENRI KEPPLER.

Oui, de là, nous pourrons tout observer, sans être vus ; et paraître, quand nous le jugerons nécessaire.

Ils se placent sur le seuil de la chaumière de droite, mais restent toujours en vue du public.

SCÈNE IV

ZÉNO, SUZANNE, ALDRICH, sortant de la chaumière de gauche. KEPPLER, HENRI KEPPLER, FRITZ, cachés dans la chaumière de droite.

ZÉNO.

Venez, Suzanne, venez... Je cède à vos prières, à vos larmes; je vais vous reconduire à Prague, et vous rendre au seigneur Keppler. L'amour passionné que je ressens pour vous, m'avait porté à un acte de violence... que je regrette, à présent, devant votre désespoir, et vos larmes... Vous me pardonnerez, chère enfant, et vous oublierez tout... Mais partons... la voiture nous attend.

SUZANNE.

Tu ajoutes le mensonge à la trahison; mais je ne suis pas dupe de ton hypocrisie, infâme ravisseur. Tu as employé la violence, pour m'arracher à la maison de dame Catherine, et maintenant tu as recours à la ruse, pour achever ton œuvre déloyale. Mais où la force s'est brisée, le mensonge échouera. Je ne partirai pas !

ZÉNO.

La colère et le désespoir te rendent plus belle encore. Non, rien ne me fera renoncer à toi ! Toute résistance est inutile, sache-le bien. Suis-nous donc, de bonne grâce, pour que nous n'ayons pas à t'y contraindre.

SUZANNE.

Je vous répète que je ne partirai pas!

Zéno fait un signe à Aldrich, qui s'approche de Suzanne, et la saisit par un bras, pendant que Zéno la prend par l'autre bras.

ALDRICH.

Allons ma belle mijaurée, pas tant de façons, et en route!... Ne te le fais pas répéter, ou sinon...

SCÈNE V

LES MÊMES, KEPPLER, **sortant de la chaumière de droite.**

KEPPLER.

Misérables! laissez cette jeune fille, ou malheur à vous!

Il tire son épée.

ZÉNO.

Keppler!... Je croyais t'avoir tué!... Mais cette fois, tu ne sortiras pas vivant de mes mains!

Il tire son épée.

KEPPLER.

Traître et infâme! C'est moi qui vais te faire expier ton crime et ta perfidie!

ZÉNO.

Allons donc! Tu es blessé ; tu peux à peine te tenir debout!... Imprudent, tu viens chercher ici la vengeance... tu trouveras la mort!... (Ils se battent. Zéno désarme Keppler, dont l'épée tombe à terre.) Maintenant, ta vie m'appartient!

Il fait tomber Keppler à genoux, et lève sur lui son épée.

SCÈNE VI

LES MÊMES, HENRI KEPPLER, sortant de la cachette.

HENRI KEPPLER.

Pas encore!

Il tire, du seuil de la chaumière, un coup de pistolet à Zéno.

ZÉNO.

Ah!... je suis blessé. (Il tombe, puis il se relève.) Trahison! infamie! On m'a assassiné! (Il retombe.) Non... c'est la justice... qui me frappe... la justice de Dieu!

Il se traine et disparaît dans la coulisse, premier plan à gauche. Henri Keppler relève son fils, et le conduit sur le banc.

FRITZ, qui a observé les mouvements de Zéno et qui l'a suivi dans la coulisse, rentrant.

C'est fini! Il ne fera plus de mal à personne (A Henri Keppler.) Mais, capitaine, une pâleur mortelle couvre les traits de votre fils. Il respire avec effort, il souffre!

HENRI KEPPLER.

C'est la fatigue, le froid... la faim, peut-être. Il a oublié sa blessure; mais son sang n'a cessé de couler... Et depuis hier, il ne s'est pas arrêté un moment. Emporté par la fureur de cette poursuite acharnée, il n'a ni bu ni mangé... Et maintenant, la faiblesse, le besoin, le mettent en danger de mort... Entre vite dans cette cabane, Fritz, et rapporte quelque chose, pour le ranimer. Prends ce que tu trouveras, mais hâte-toi, il n'y a pas une minute à perdre. (Fritz entre dans la chaumière de gauche.) Mon Dieu! Il s'est évanoui!... Mon fils, parle-moi, réponds-moi, je t'en conjure! Un mot, un seul!... Il ne m'entend plus! Et Fritz ne revient pas!...

FRITZ, rentrant.

Il n'y a rien dans cette chaumière... Le paysan qui l'occupait, s'est enfui, et il n'y a laissé ni un morceau de pain, ni un verre d'eau.

HENRI KEPPLER.

Faudra-t-il donc, mon fils, te voir expirer dans mes bras ?

SUZANNE, à Fritz.

Fritz, par grâce, cours au village, et ramène quelqu'un. Nous ne pouvons pas le laisser mourir ainsi !

KEPPLER, à Suzanne.

Tout serait inutile. Les sources de la vie sont épuisées en moi... Adieu, chère Suzanne, j'emporte au ciel le bonheur de t'avoir sauvée. (A Henri Keppler.) Mon père, vous irez trouver à Prague, l'Empereur Mathias, et vous lui direz : « Sur la terre « d'Allemagne, au bord d'une forêt, un homme est

« mort de faim... et cet homme (Il se relève.) c'est « Jean Keppler ».

Il retombe et meurt.

HENRI KEPPLER, regardant son fils mort.

Oui, Jean Keppler, qui consacra sa vie entière aux progrès de la science; Jean Keppler, qui découvrit les lois de l'univers, et dont l'ingrate Allemagne a payé le génie par la persécution, la misère et la mort.

Rideau.

Imprimerie de l'Ouest, A. NEZAN, Mayenne.

PIÈCES DE THÉATRE

DU MÊME AUTEUR

Les Six parties du monde, pièce en cinq actes, huit tableaux, in-18, (2e édition, 1885), chez Tresse et Stock, éditeurs........................... Prix 1 fr.

Denis Papin, drame en cinq actes, 8 tableaux, in-18, chez Calmann Lévy, éditeur (1885)...... Prix 1 fr. 50

Gutenberg, pièce historique en cinq actes, huit tableaux, in-18, chez Tresse et Stock, éditeurs (1886)................................ Prix 2 fr.

La Forge de Saint-Clair, drame en cinq actes, six tableaux, in-18, (1888) chez Tresse et Stock, éditeurs.................................. Prix 2 fr.

Le Mariage de Franklin, comédie en un acte, in-18, chez Tresse et Stock (1889)........... Prix 1 fr.

Le Jardin de Trianon, comédie en un acte, in-18, (1889), chez Tresse et Stock................ Prix 1 fr.

Miss Telegraph, comédie en un acte, in-18, (1889), chez Tresse et Stock..................... Prix 1 fr.

Le Sang du Turco, comédie en un acte, in-18, (1889), chez Tresse et Stock................ Prix 1 fr.

Le Premier voyage aérien, pièce historique en un acte, in-18, (1889), chez Tresse et Stock, éditeurs.................................. Prix 1 fr.

La Femme avant le déluge, comédie en un acte, in-18, (1889), chez Tresse et Stock, éditeurs. Prix 1 fr.

La République des abeilles, comédie en un acte, in-18, (1889), chez Tresse et Stock, éditeurs. Prix 1 fr.

Les Manies de M. Lédredon, comédie-vaudeville en trois actes, in-18, (1888), chez Tresse et Stock.................................. Prix 1 fr. 50

Imprimerie de l'Ouest, A. Nézan, Mayenne.

www.ingramcontent.com/pod-product-compliance
Ingram Content Group UK Ltd.
Pitfield, Milton Keynes, MK11 3LW, UK
UKHW020600180726
13838UKWH00001B/351

9 782329 443324